12/61

UNIVERSITY OF CAMBRIDGE

ORIENTAL PUBLICATIONS

NO. 6

DUN KARM
POET OF MALTA

DUN KARM
POET OF MALTA

TEXTS CHOSEN AND TRANSLATED
BY
A. J. ARBERRY
Litt.D., F.B.A.

INTRODUCTION, NOTES
AND GLOSSARY
BY
P. GRECH
O.S.A., D.D., L.S.S.

CAMBRIDGE
AT THE UNIVERSITY PRESS
1961

PUBLISHED BY
THE SYNDICS OF THE CAMBRIDGE UNIVERSITY PRESS

Bentley House, 200 Euston Road, London, N.W. 1
American Branch: 32 East 57th Street, New York 22, N.Y.
West African Office: P.O. Box 33, Ibadan, Nigeria

©

CAMBRIDGE UNIVERSITY PRESS

1961

Printed in Great Britain at the University Press, Cambridge
(Brooke Crutchley, University Printer)

CONTENTS

CONTENTS

FOREWORD

It was on a November afternoon in 1957 that I had the great honour of meeting Dun Karm, the grand old man of Maltese literature whose poetry forms the subject of this study. Taking advantage of the privilege of sabbatical leave, I was able during that winter to visit Malta and to gratify an old ambition to come to closer grips with the Maltese language particularly in its written form. My friend Professor Ġużè' Aquilina gave most generously of his little leisure to show me the archaeological and artistic treasures of his native land; he also took me to call on Dun Karm in his simple apartment in Sliema.

When I met Dun Karm he had recently entered upon his eighty-seventh year. I found him a frail old man, but still in full possession of his great mental faculties. Wearing the soutane of the priesthood, with the crucifix on his breast, he made a powerful impression of true Christian humility; this was a man who had for many years walked with God, and his dedicated life had invested him with an extraordinary dignity. He offered me a glass of wine and we conversed amiably for over an hour; I would willingly have stayed with him much longer, but having regard for his obvious fragility I spared him further exertion. So I departed with his blessing, and with an autographed copy of his most famous poem.

From that moment I resolved, if I were ever able, to bring to wider notice than the confines of his little island the great contribution which Dun Karm has made to Maltese literature. For it seemed to me then, at a time when I had read only a few of his Maltese poems, that this was a poet of more than local importance; his art and his message must reach the world, to which they truly belonged, even if only through the medium of my own inadequate interpreter's powers. As I read more and more of his writings, and penetrated deeper and deeper into his spirit, I became increasingly convinced of his greatness, and progressively more conscious of my incapacity to do him justice. Nevertheless, I happen to be one of the very few foreigners able to read Maltese; and so it was my duty to attempt what I have now done.

The burden of my self-imposed task has been greatly lightened by the assistance of Father Prosper Grech, whose services my Faculty enabled me to engage for a year of intensive work on Maltese. Father Grech, himself a learned Maltese and a remarkable linguist, has been constantly at my side as I wrestled with the interpretation of these poems. He has further greatly enhanced the scope and value of this book by writing a luminous account of the history of Maltese poetry and of Dun Karm's predominant part in that history, and by adding philological notes which will be highly appreciated by all scholars of language. I am indeed grateful to him for all his help, and to my colleagues who made it possible for me to benefit by his authoritative advice.

A.J.A.

CAMBRIDGE

INTRODUCTION

Malta's national poet Monsignor Carmelo Psaila, popularly known as Dun Karm, has scarcely ever attracted the attention of the English-speaking public. This is not to be wondered at, considering that even scholars outside his little island home are completely in the dark regarding the existence of a Maltese literature, and almost so regarding the nature of the Maltese language. In many ways, this is regrettable. Maltese can be of considerable utility to the Semitic scholar, and its young literature provides an excellent example of the phenomenon of the growth of a literary language out of a spoken dialect. As this development is quite recent and lends itself to careful analysis, it can shed much light on parallel phenomena in history—especially in the history of Romance languages. Moreover, many of the best literary efforts in Maltese are quite worthy to receive the attention of literary circles outside their own homeland if only on account of their picturesque language and peculiar philosophy of life, apart from their mere literary value.

The purpose of the present study is to present a selection of poems by Dun Karm in English translation side by side with the original. The critical notes and glossary at the end of the book are meant to meet the demands of scholars who are interested in Maltese as a language. As the appreciation of Dun Karm's poetry will be greatly enhanced if it is placed against the right background, in this introduction we propose to indicate briefly the main characteristics of the Maltese language, to give a summary of the beginnings and development of Maltese literature, and to correlate Dum Karm's position with the three cultural streams that flow through this tiny island: the Italian, the British, and the Semitic.

The controversy about the nature of Maltese as a language has been mainly brought about by reflections on the history of the island. Malta was colonized by the Phoenicians in the ninth century B.C. It passed into the hands of the Romans during the Punic Wars, and after the final division of the Roman Empire in A.D. 395 became part of the Byzantine Empire until the Arabs invaded it in the first half of the ninth century A.D. Roger of Normandy took Malta in 1090, but this does not mean that the Arabs who had settled there left immediately. A census taken in 1250 reveals that out of 1119 families living on the island no less than 836 were Moslem, with only 250 Christian and 33 Jewish. The Arabs only left about half a century later, and from then till 1800 the history of Malta has been very closely connected with that of Sicily.

It is, therefore, not difficult to understand why the language presently spoken in Malta is a mixture of Semitic and Romance. The Romance element, however, is much less than many people suppose. Only fifteen, or at the most twenty per cent of the vocabulary is of Sicilian origin. The rest, including the grammar, is Semitic.

Ever since G. De Soldanis made a systematic attempt at a scientific study of Maltese over two centuries ago the conviction that the Semitic element of the language of Malta is somehow or other connected with Punic has never died out completely. That the Phoenicians and Carthaginians occupied Malta for centuries, and that some form of Punic was spoken there during the first century of our era can hardly be questioned. Punic inscriptions have actually been found on the island, and the word βάρβαροι used in Acts xxviii. 2 to describe the inhabitants of Malta in A.D. 60 testifies that neither Greek nor Latin was spoken by the peasants who were so hospitable to the shipwrecked company. The question arises when we ask what language was spoken during the Byzantine occupation before the Arab invasion. G. De Soldanis,[1] A. Preca,[2] and A. E. Caruana[3] were convinced that Punic continued to be the language of the Maltese and that this same language developed into modern Maltese under the influence of Arabic. Unfortunately, there is no historical evidence to verify this assertion. The only reliable criterion to decide the question of Maltese origins is the philological analysis of the language as it exists today. This was done by serious scholars like W. Gesenius,[4] H. Stumme,[5] C. Brockelmann,[6] and B. Roudanovsky,[7] who decided unanimously that Maltese is a dialect of Arabic. This verdict raised a storm of protest in Malta where the lesser scholars pointed to the Hebrew roots with Maltese equivalents faithfully listed in Caruana's dictionary. Those scholars who knew Arabic, however, immediately realized that this theory was correct, though many of them continued to insist that traces of Punic are still to be found in Maltese. However, two recent studies on Maltese vocabulary[8] have proved decisively that practically all Maltese words have a classical Arabic equivalent, and those that cannot be traced to classical Arabic can be

---

[1] G. De Soldanis, *Nuova Scuola di Grammatica per agevolmente apprendere la Lingua Punica-Maltese* (Roma, 1750).

[2] A. Preca, *Malta Cananea ossia Investigazioni filologico-etimologiche nel Linguaggio Maltese* (Malta, 1904).

[3] A. E. Caruana, *Sull'Origine della lingua Maltese. Studio storico, etnografico, e filologico* (Malta, 1896).

[4] W. Gesenius, *Versuch über die maltesische Sprache zur Beurtheilung der neulich wiederholten Behauptung, dass sie ein Ueberrest der altpunischen sey, und als Beytrag zur arabischen Dialektologie* (Leipzig, 1810).

[5] H. Stumme, "Maltesische Studien. Eine Sammlung prosaischer und poetischer Texte in maltesischer Sprache nebst Erläuterungen", in *Leipziger semitistische Studien*, I, 4 (Leipzig, 1904).

[6] C. Brockelmann, *Grundriss der vergleichenden Grammatik der semitischen Sprachen* (Berlin, 1908–13).

[7] B. Roudanovsky, *Quelques particularités du dialecte arabe de Malte* (Beyrouth, 1911²).

[8] C. Dessoulavy, *A Maltese-Arabic Word-List* (London, 1938); G. Barbera, *Vocabolario Maltese-Arabic-Italiano* (Beyrouth, 1939–40). Cf. also my article in *Journal of Maltese Studies*, I (1961).

accounted for either through the North African or through the Palestinian Arabic dialects. The few Semitic words that have no equivalent whatsoever have also no counterpart in Punic or Hebrew, while the grammar does not contain a single trace of either of these two languages. The direct ancestor of modern Maltese, therefore, seems to be the language of the Aghlabids who occupied Malta for two centuries and placed it in direct relation to North Africa. As Maltese developed independently of Arabic after the thirteenth century, a study of the language can shed much light on the Arabic which was spoken in the Middle Ages.

In spite of the fact that Maltese belongs linguistically to the Arabic family it does not necessarily follow that it can be understood straightaway by anyone who speaks Arabic. In the course of centuries it has developed many peculiarities of its own that have given it the character of an independent language. Indeed, the complete absorption of the Maltese people into the main currents of European history has so dissociated their psychology from that of the Arab races that they now find themselves in the problematic position of having to express Western ideas and emotions in a Semitic language.

For the sake of Oriental scholars who are interested in the structure of the language, we shall list as briefly as possible the main differences between Maltese and classical Arabic. Specific points of difference will be enumerated in the glossary.

To begin with, the Maltese alphabet has had to assimilate some letters of foreign origin to be able to transcribe Romance and English words. These are *ċ* (pronounced as *ch* in chair), *g* (hard as in get), *p*, *v*, and *ż* (*ts*). On the other hand, Maltese *d* stands for د, ذ, ض, and ظ; *għ* for both ع and غ; *ħ* for ح and خ; *s* for س and ص; and *t* for ت, ث, and ط. Otherwise, *b* = ب, *f* = ف, *ġ* = ج, *h* = ه, *j* = ى, *k* = ك, *l* = ل, *m* = م, *n* = ن,

4

$q = ق, r = ر, w = و, ز = ج$. The vowels are five: *a, e, i, o, u*, that can be either long or short. They are pronounced as in Italian. Broadly speaking, Maltese *a* and *e* transcribe Arabic *fatha*, *i* both *fatha* and *kasra*, while *o* and *u* correspond to *damma*. The Arabic *á* (ا) often becomes *ie* in Maltese.

It has already been said above that almost one-fifth of Maltese words are of Sicilian or Italian origin. As soon as a word is absorbed into Maltese, however, it immediately becomes arabicized, often beyond recognition, both in form and in inflection. The primary meaning of many Semitic words in Maltese corresponds to the secondary meaning of the same word in Arabic, while other words have lost their Arabic meaning completely and picked up a local meaning of their own. An excellent example of this is the word *tieġ* which has lost entirely its association with the crowning ceremony in Byzantine wedding rites and today simply means a wedding. Nevertheless, the Maltese vocabulary is relatively poor and today it has to make use of more and more loanwords from English and Italian especially to denote abstract or technical ideas. Sometimes old Maltese roots are adapted to meet modern needs, such as *mitjar* for aerodrome, but people in Malta today would rather take a word as it stands and be content with giving it a Maltese form.

Broadly speaking, Maltese grammar is the same as that of modern Arabic dialects, especially Tunisian. We shall enumerate the main points of difference between Maltese and classical Arabic:

Maltese has completely dropped all case-endings including the *tanwīn*; except in the third person singular, distinctions of gender in both pronouns and verbs have been lost; the preformative of the first person singular of the imperfect is *n* instead of *alif*, hence *nikteb* "I write"; the so-called Subjunctive, Jussive, and Emphatic "moods" do not exist in Maltese; the passive is formed by using a verbal form with a passive meaning or by means of the auxiliaries *kien* and *ġie*, not by means of vowel changes inside the same form as in Arabic; auxiliaries are used to such an extent that they can express all the different tenses of English; possession is denoted by means of the preposition *ta(għ)* as well as by the construct state; the particle *illi*, like the English "that", can introduce both a relative and a noun clause. Further dissimilarities will be referred to in the glossary.

The factors which conditioned the emergence of a literary language out of the spoken dialect must now receive our attention. In 1530 Charles V gave Malta to the Knights of St John. It was the Knights who eventually turned Malta into a place worth visiting, but their influence on the Maltese language was not too beneficial. Through them Malta entered the Italian cultural group and Italian and Latin soon became the fashionable languages of the educated classes in Valletta and Mdina. Maltese continued to be spoken by the local population but it enjoyed no cultural status. That a certain interest was taken in it, however, can be proved from three word lists drawn up in 1536, 1611 and 1663, respectively. In 1675 a small "Hierolexicon" appeared. The earliest literary evidence of any kind is a short poem in Maltese written in the second half of the seventeenth century dedicated to Grand Master Cotoner. It was only after 1800 that more serious literary attempts took place.

The earliest stage in the evolution of any literature is the creation of folklore. H. Stumme made a very good collection of Maltese folk literature in 1903.[1] He divided his material into folk-tales in prose, *ġhana* or love songs, and *ħaġa moħġaġa* or riddles. Love songs and other popular poems are improvised even today to the accompaniment of the guitar, and a good improvisation quickly tends to be retained and become tradi-

[1] *Op. cit.*

6

tional. These poems contain one or more stanzas of four verses rhyming a-b-c-b. The verses are of eight syllables with accents on the third and seventh. Here is a particularly wicked specimen:

> O lilek tal-gallarija
> Idħol ġewwa aħseb dnubietek!
> Hutek koroħ kollha żżewġu,
> Int sabiħa ħadd ma riedek.

> Lady, standing at the balcony,
> Go inside and search your conscience!
> All your sisters wed, though ugly;
> You are fair, but no one wants you.

The Maltese folk-tale is a masterpiece of conciseness. The bare essentials of the story are handed down in short breath-taking sentences full of colour and imagination. Sometimes the ending is far from happy, especially for the villain of the story.

The earliest prose literature in Malta is devotional. A collection of sermons in the National Library goes back to 1739,[1] and a Maltese catechism, translated from Italian, was published in 1792. A few years later Vassalli translated the Gospels into Maltese.

All through this period, however, Italian still remained the cultural language of the *élite*. A couple of Italian grammars were compiled in Maltese for use in primary schools, and people wrote humorous poems and stories in their leisure hours. But serious works were all written in Italian. Later it was realized that many people who had not gone very far beyond a primary education might be interested to read entertaining stories and novels in their own language; this resulted in the publication of a few translations and some original novels.[2] Their end was

---

[1] MS. 48 Misc. in the Royal Malta Library. The author is the Rev. Ignazio Saverio Mifsud.

[2] Early translations are: R. Taylor, *Il Haya u il Vinturi ta' Robinson Crusoe ta' York miktuba minnu innifsu, mijyuba mill'Inglis* (1846); M. German, *Htia*

entirely the entertainment of the less educated, however, and no literary standards were aimed at.

These lowly beginnings were but a part of a very natural and un-selfconscious evolution. But it was precisely these humble compositions that laid the foundation for a more serious literary activity, and posed certain problems the solution of which required a far deeper study of the language than had hitherto been attempted.

The first of these problems was: How is Maltese to be written? To go back to Arabic characters was out of the question. First of all, not everybody agreed that Maltese was Arabic and not Punic, and the adoption of an Oriental script would have dissociated Malta from Western culture besides making it doubly difficult for the children to learn how to read. No less than thirty-two systems of transliteration were experimented with until the present alphabet was proposed in 1924, and finally adopted ten years later. In the meantime the controversy about the origins of Maltese had flared up as never before; but what is of more import, grammars and dictionaries

---

tithallas b'ohra, storia bil Malti mehuda minn ctieb talian (1880); G. Muscat Azzopardi, *Il Gharusa tal Mosta*; *Ix-Xbejba tar-Rdum* (1878), both adaptations from Italian; A. Muscat Fenech, *Giammaria Cassia jeu inchella l-ahhar nisel tal-Barunijiet Cassia* (1880); D. Cachia, *Alla il Gdid* (1889); G. Vassallo, *Flora, grajja ta Malta* (1892); *Ir-rsir tax-xwieni* (1892), both translated from French; G. Mifsud, *Racconti Gharbin, migiuba fil Lsien Malti ghal Moghdia taz-zmien* (1893–4); *Ix-xbeiba tal lucanda* (1894). Early original novels are: M. German, *Enrico e Giuditta, romanzo storico in idioma maltese* (1872); *Liena il Carcarisa* (1887); G. Muscat Azzopardi, *Toni Bajada* (1880); *Matteu Callus* (1881); *Vicu Mason* (1882); *Susanna, grajja ta Malta fi zmien it-toroc* (1892); *Censu Barbara* (1894); *Manon* (1895); *Paula Xara*; A. Muscat Fenech, *Gorg il bdot, storia ta pajisna* (1880); *Carolina, raccont malti* (1888); A. Adam, *Naufragiu* (1889); *Bniedem spulpiat mil granci* (1892); *Ermelinda, ossia il vendetta tal Conti Egidio* (1894); A. E. Caruana, *Inez Farrug* (1889); C.A.M., *Chiefria tal briganti* (1891); *Is-sahta ta l-omm* (1891); *Sander Inguanez* (1892); D. Luigi Vella, *Il General Roman martri tal fidi nisrania* (1892); *Fernandu Montagnes* (1896); I.R., *Il Vittima tat-tradiment* (1893); V. Busuttil, *Il Habib tal-Famigli* (a series of short stories, 1893–4); A. M. Galea, *Farraghit jew ittifel irsir* (1894). In all these titles notice the archaic spelling.

of Maltese were written by native as well as by foreign scholars.[1] One of the first of these dictionaries was M. A. Vassalli's *Lexicon Melitense*, published in 1796. Its alphabet was strange and did not live long, but the work itself provided a solid basis for the compilation of later vocabularies. More important still, however, was Vassalli's long introduction addressed to the "Maltese Nation" in which he advocated the study of Maltese as a national issue. He is rightly called the "Father of Maltese", but he could equally well be remembered as the father of the Maltese national sentiment.

Vassalli's exhortation was hindered by political changes from bearing immediate fruit. The Maltese people welcomed Napoleon who drove out the Knights in 1798, but they rose up against the French two years later when they felt that their liberty was being threatened, and invited the British to take over the administration of the island. The language problem remained dormant until it became a party issue with the granting of self-government in 1921. Maltese became the official language of Malta side by side with English in 1934 and its

[1] Dictionaries: M. A. Vassalli, *Lexicon Melitense* (1796); F. Vella, *Diaionario Portatile delle lingue maltese, italiana, inglese* (1843); G. B. Falzon, *Diaionario Maltese, Italiano, Inglese* (1845, 1882²); *Diaionario Italiano, Inglese, Maltese* (1882); V. Azzopardi, *Piccolo Diaionario Maltese, Italiano, Inglese* (1856); S. Mamo, *English–Maltese Dictionary* (1885); V. Busuttil, *Diaiunariu mill Inglis ghall Malti* (1900, 32²), *Diaiunariu mill Malti ghall Inglis* (1900); A. E. Caruana, *Vocabolario della lingua Maltese* (1903); E. Magro, *English and Maltese Dictionary* (1906); E. D. Busuttil, *Kalepin (Damm il-Kliem Malti-Inglis, 1941–2, 1950²); Kalepin Inglis-Malti* (1952); Dun Karm Psaila, *English–Maltese Dictionary* (1937–55); P. Bugeja, *Diaajunarju-Malti-Ingliz* (1955). Grammars: De Soldanis, *op. cit.*; M. A. Vassalli, *Grammatica della lingua Maltese* (1827); F. Vella, *Maltese Grammar* (1831); *A Short Grammar of the Maltese Language* (1854); F. Panzavecchia, *Grammatica della lingua maltese* (1845); G. Vassallo, *Il-Muftieħ tal-Chitba Maltija* (1931); F. S. Caruana, *Grammatika ta'l-Ortografija tal-Malti fil-qosor* (1932); A. Cremona, *Manual of Maltese Orthography and Grammar* (1929); G. Vassallo and A. Cremona, *Taghrif fuq il-Kitba Maltija, xoghol maħruġ mill-"Għaqda tal-Kittieba tal-Malti"* (1924); A. Cremona, *Taghlim dwar il-Kitba Maltija*, Part I (1935); Part II (1938); E. F. Sutcliffe, *A Grammar of the Maltese Language* (Oxford, 1936).

9

teaching was introduced into all primary schools. Three years later a chair of Maltese was set up at the Royal University.

It is a little pretentious to speak of the history of a literature that is scarcely a hundred years old. However, in so far as history denotes a development in time the application of the word to Maltese literature is entirely justifiable. Our main concern in this introduction is with Maltese poetry, as it is in this context that Dun Karm's contribution will appear in its best light; but a few words about the parallel development of prose will help us better to understand the difficulties which this young literature had to overcome in its search for a style. Some early novels have already been referred to in the preceding paragraph. Here we shall mention only four works each of which can claim to represent a higher stage of development in Maltese prose. *Inez Farruġ* was published in 1889. The author, A. E. Caruana, was a lexicographer and his wide vocabulary is reflected in his style; he was also an educated man, and traces of his Italian education can be detected without difficulty in certain passages that look as if they had been thought out in nineteenth-century Italian. His novel, however, which is set against the background of Spanish rule in Malta, is interesting to read and achieved a higher literary grade than its predecessors. A more natural style is that of Ġ. Muscat Azzopardi's *Nazju Ellul* (1909), the story of a country lad who served the cause of his country during the French occupation only to be unjustly executed by his own countrymen because of a false accusation against him. The novel is burdened with long passages of historical research that have little reference to the main plot; nevertheless, it is literature in the fullest sense, and the fact that it was later translated into Italian is a feather in the cap of the Maltese literary movement.

The eternal problem in Malta was and still is that cultured

people are bi- or even trilingual. If they feel an urge to read Literature with a capital L they can much more easily enjoy an English, French, or Italian book than the sub-literary attempts of their own countrymen. No one minds reading light Maltese booklets for the sake of entertainment, but it was only the enthusiasts who could class them as literature. That there was a thirst for something distinctly Maltese, however, is proved by the immense success of a series of short novels published under the editorship and partial authorship of A. M. Galea. These books were written in common everyday language which displayed a wealth of imagination and local colour and immediately appealed to all classes of the population. Above all they made a very deep impression on a young man who was later to do for Maltese prose what Dun Karm did for poetry. Ġ. Aquilina's *Taħt Tliet Saltniet* ("Under Three Régimes") was also a historical novel. But this time the Maltese reader was presented with a book that contained serious mature ideas presented in that typically Maltese style that had fascinated the readers of Galea's series. Aquilina is a master of Maltese prose, and in this first work he takes a delight in playing about with his wide vocabulary and literary constructions. He shows more restraint in his later works which include some plays and six volumes of literary and moral essays. It is a pity that his novel has remained without a successor from the same hand.

The Maltese historical novel has contributed greatly towards a sense of national awareness and historical pride that is now manifesting itself in the political as well as in the literary field. There is a certain interaction between the history of any nation and its literature. A people do not become a nation—however tiny and insignificant a nation—until they possess a literature; just as a man becomes a man only when he reveals his personality through speech. On the other hand, for a literature to flourish certain social and political prerequisites must be fulfilled. It is no mere coincidence, therefore, that the *crescendo* of the Maltese literary movement overlaps the struggle for self-government, for better education, and for a higher standard of living.

Before we turn to poetry, we must at least put in a reference to drama. There are few good literary plays in Maltese for the simple reason that Italian opera has almost completely absorbed the interest of the cultured classes while the stage was left for the entertainment of the plebs. Good plays presuppose an audience that has reached a certain degree of sophistication. It is, therefore, a good sign that "we have recently had a few playwrights whose technique betrays a good knowledge of the modern stage and treatment of the subject—good lively dialogue, humorous or serious. The best are Ninu Cremona, author of a five-act play in verse written in 1916 and published in 1936; Ġino Muscat Azzopardi, author of several one-act plays; Erin Serracino-Inglott, the author of plays in prose and verse; Joseph Diacono...Albert Cassola...and Ġorġ Pisani."[1] To these must be added Ġ. Aquilina himself, whose plays contain a deeper ideology and move more gracefully than some of the earlier ones.

There are four generations of Maltese poets, of which the first wrote rhyme rather than poetry. But it fulfilled a purpose; and that was sufficient.

For people were obstinate in their conviction that Maltese was unsuited even for rhyme if it tried to rise above the popular level. In 1864 Richard Taylor dared to translate a canticle from Dante's *Divine Comedy* into Maltese. He had previously translated the Psalms and some Latin hymns. His effort would have been more convincing had his stanzas been less monotonous.

---

[1] Ġ. Aquilina, "A Brief Survey of Maltese Literature", in *Scientia*, XXII, 3, p. 139. To this article, as well as to Ġuzè' Aquilina's introduction to *Il-Muża Maltija*, I am greatly indebted for many details in this sketch.

But his language is pure; and as he had little, if anything, to build upon, it would be most unfair to brush him aside as insignificant. At least he proved that serious poetic thought could be paraphrased rhythmically into Maltese. Taylor was a journalist. His contemporary Ġananton Vassallo was a lawyer. He went further than Taylor in experimenting with verse and wrote a long narrative poem *Il-Ġifen Tork* ("The Turkish Galleon"). His other poems cannot help creating the impression that the author spent long hours trying to fill in a number of stanzas with some thought. Some of them survived, however, particularly the stanza which every schoolboy knows by heart:

> Int sabiħa, o Malta tagħna!
> Mhux għax Malti nfaħħrek jien;
> Issemmik id-dinja kollha,
> Magħruf ġmielek kullimkien.

> Thou art lovely, O Malta!
> I praise thee not because I am Maltese;
> The whole world mentions thee,
> Thy beauty is known everywhere.

The priest Ludovik Mifsud Tommasi did not venture into the field of original composition. He translated Latin hymns from the Roman Breviary and Missal, trying hard to retain the rhythm and versification of the original. Any *bona fide* reader could have seen from these translations that the language did not lack potentialities. If it could adequately translate the exalted thoughts of Latin hymns, imitate their metre, and narrate the colourful episode of the Bride of Mdina in Dwardu Cachia's ballad, it was surely good enough for poetry. All it needed was a poet.

Ġ. Muscat Azzopardi (1853–1927) was a poet. He had been recognized as an Italian poet before he turned to Maltese. In fact most of the poets of the "classical" generation following Muscat Azzopardi established their reputation as poets by writing Italian verse. O. F. Tencajoli's anthology *Poeti Maltese d'Oggi* (Rome, 1932) may have been political rather than literary in its intentions, but it certainly shows that the urge to create poetry was present in Malta; and anyone who can manipulate any language well enough to relieve this urge satisfactorily is a poet. Muscat Azzopardi would probably never have written literature had he not had the Maltese "primitives" before him to break the ice, and his Italian experience behind him to set an ideal. In his hands, the language loses that rigidity and monotony which had made previous verse appear little better than an intelligent schoolboy's effort. His sentences move smoothly from verse to verse. The versification and rhythm of his poems are Italian, but this does not mean that they are foreign to Maltese. In fact the rhythm of the language had been modelled on that of Italian for such a long time that the greater continental language was the obvious one to set a standard for Maltese poetry. In my opinion, Muscat Azzopardi's greatest merit is that his poetry speaks the language of everyday life by shaking away once and for all the verb-at-the-end conventions that render poetry so distasteful if practised indiscriminately. He is of particular importance to our purpose, too, because he was actually Dun Karm's master in composition, and it was he who inspired him to take up Maltese at all. His poetry is mainly religious, and his achievement is, relatively speaking, modest. But his place in Maltese literature has been fully established. He elevated verse composition to the dignity of poetry. Once this was done, literature became possible. To illustrate his style I shall only reproduce his sonnet *St Paul* together with Professor Arberry's translation:

> Kbir fik innifsek, kbir fil-ħsieb u l-ħrara
> fil-ħeġġa u fil-għamil, sa fil-moħqrija,
> li kien jista' jinqered Din l-Insara,
> Int waħdek kont teqerdu mill-Lhudija.

Imm'Alla ma ħamelx li jibqa' jara
il-kobor tiegħek kobor ta' kefrija,
u laqtek għalgħarrieda b'dik ix-xrara
hemm fejn kont sejjer għat-tixrid tad-dmija.

Kollox inbidel fik, xħin tbiddel ismek:
sirt l-aqwa driegħ, l-ogħla Fissier ta'Kristu,
u Lilu tajt bil-qalb ruħek u ġismek.

Imbagħad, mill-mewġ imsabbat mal-blat tagħna
malli, kif kont ħabbart, mill-għarqa ħlistu,
li għamel Alla miegħek għamilt magħna.

Great in your self, great in your thought and zeal,
in passion and in action, even in cruelty
if Christ's religion could have been destroyed,
you alone had destroyed it in Judaea.

But God would not suffer to behold your greatness
continue ever the greatness of oppression;
He smote you unexpectedly with that flame
there, where you journeyed for the shedding of blood.

All things were changed in you when your name was changed;
you became Christ's strongest arm, highest interpreter,
to Him with your heart you gave your soul and body.

Then, tossed up by the waves upon our rocks,
When, as you foretold, you escaped from drowning,
What God had wrought in you, you wrought in us.

Dun Karm belongs to the third generation. The poetry of
this group of authors can be called "classical" in so far as it
reached perfection of form and retains an objective quality
throughout. We shall discuss two of Dun Karm's contem-
poraries to illustrate our point.

Professor A. Cuschieri (b. 1876), a Carmelite friar, built upon
the foundations that had been laid by Ġ. Muscat Azzopardi.
He emphasizes the fact that Maltese poetry is not simply a
collection of rhyming verses or easily flowing lines. Maltese is

capable of much more. The Maltese poet can well afford to, and therefore must, make the right use of the right words in the right place. When Cuschieri compares himself with the blacksmith who hammers out a red hot piece of iron until it acquires the required shape he is, knowingly or unknowingly, underlining the classical criterion in Maltese composition:

Bħalma l-ħaddied fil-forġa
l-ewwel jikwi l-ħadida,
imbagħad ftit ftit jaħdimha
sa tiġi kif iridha,

Sa tieħu għamla w sura
ta' werqa ftit mitluqa,
bħal kieku x-xemx ħarqitha
jew għadda r-riħ minn fuqha;

hekk jien il-kelma mn'idi
mhux malli dak nitlaqha,
bħal min iwaddab ġebla
ma jafx fejn sejra taqa';

'mma qabel inrattabha
fi ħsiebi bħal għaġina,
imbagħad koċċ koċċ bis-sabar
nagħtiha sura u żina.

U nibqa' nħares lejha,
nara jekk qiegħda sewwa,
jekk rieqda jew mifluġa,
jekk nieqsa minn xi ħlewwa:

U meta ħajja tferfer
nilmaħha tgħodd għal ħbiebi,
hemmhekk (għax nisthi ngħidu?)
nitgħaxxaq dlonk bi ħsiebi....

As in his forge the smith
first of all heats the iron,
then little by little works it
till it takes the shape he desires,

Till it takes the shape and form
of a leaf somewhat languid
as if the sun had burned it
or the wind passed over it;

So from my hand the word
I let not go carelessly,
like one who hurls a stone
not knowing where it might fall;

But before, I soften it
in my mind like to a paste,
then slowly and patiently
I give it form and beauty.

And I go on staring at it
to see if it sits right,
whether it slumbers or is paralysed
or if it lacks some sweetness:

And when alive and stirring
I see it pleases my friends,
then (why should I be shy to say it?)
I take delight in my thought. . . .

Cuschieri's prosody is more daring than that of any of his predecessors. His poem *Il-Milied* ("Christmas") contains no less than six different variations of metre within a framework of blank verse of the most complex structure. Like Fra Angelico, his artistic insight attains its apex when depicting the Blessed Virgin. But even at its best, one feels that Cuschieri's poetry is not always convincing. Perhaps he set himself too high an ideal, one which could only be reached by a greater poetic genius. There are words and phrases in his poems of which the immediate function is not evident, and that arouse the suspicion of being there only to rhyme with another word. He is none the less a classic in Maltese literature. The importance of his contribution is not merely historical, it is aesthetical as well. Cuschieri is not only a link in a golden chain; he is a pearl in his own right.

Ninu Cremona (b. 1880) is the Vassalli of modern times. It
was he who, together with Ġ. Vassallo, worked out the official
alphabet at present used in Malta. He also gave a firm scholarly
foundation to the study of Maltese grammar. No one who
takes up Maltese as a serious study can afford to ignore Cre-
mona's substantial contribution in the field of philology. Nor
can one ignore Cremona as poet. The five-act verse-play *Il-
Fidwa tal-Bdiewa* is the first of its kind in Maltese. Both in
poetry and prose Cremona delights in a complicated syntax
which only a trained grammarian can manage with impunity,
and even then the poet's skill fades beside the brilliance of the
grammarian. In my opinion he attains to greater poetic elegance
when he uses a more simple structure, as in the appealing and
mysterious poem *Saħħara* ("The Enchantress"):

> Kont ħlomtok wiċċ ta' xiħa
> b'ħalqek
> jidħak b'żewġ sinniet,
> ħofriet għajnejk
> żewġ ħuġġiġiet,
> ġo sħab ta' biża' tarmi daħna u riħa.

> Kont ħlomtok wiċċ ta'xiħa
> b'subgħajn
> imkemmxa u dwiefer twal irqaq
> ta' seqer kiefer
> tmexmex l-għadam u xxomm
> tad-demm il-fwieħa,

> l-għadam ta' tfal imsemmna
> ġewwa qafas
> tal-ħadid—ta' tfal misruqa
> mill-għafrit
> li bih beżżgħuna tfal għax jixrob demmna!

> B'għajnejn imberrqa smajna
> minn fomm
> ix-xwejħa l-ġrajja tiegħek, ja saħħara,
> u ħajja
> fi ċkunitna xbihatek f'moħħna drajna.

Rajtek f'għorfa mudlama
b'dawl
inemnem ta' musbieħ u fost l-għajat
twerżiq ta' riħ
taqra fl-idejn: u taqta' u tqawwi t-tama

Rajtek fil-moħħ maħżuża
ta' l-aqwa
rjus kittieba
tiftaħ tal-mistur
il-bieba:
tixxandar bl-ikreħ u egħref għaġuża!

Ġewwa l-għar fid-dlamijiet,
b'wiċċ
imdawwal min-nirien,
fl-inħasa ddewweb
ras u lsien
ta' nies li l-frugħa ta' dil-ħajja nsiet.

Iżda wkoll f'dik l-inħasa
jiddewweb kollu semm,
bl-ilsna ta' bosta sriep, kien hemm
id-demm
ta' dik li jien ħabbejt, — u qalbha u rasha.

I had envisaged you: the face of a hag,
your mouth
with two teeth grinning,
the hollows of your eyes
a pair of beacons
in a cloud of fear billowing smoke and stench.

I had envisaged you, old woman,
with fingers
wrinkled, and long, sharp nails
of a cruel falcon
picking at bones and sniffing
the odour of blood,

19

the bones of children fattened
inside a cage
of iron—of children stolen
by the demon
they frighten children with, who drinks our blood!

With goggling eyes we heard
from the mouth
of the old woman the story of you, sorceress,
and your living
image was accepted by our minds as children.

I saw you in a dark room
by the flickering light
of a lantern, and amid the howl
of the screeching wind
reading palms, snapping and heartening hope.

I saw you limned in the minds
of the greatest,
wisest writers,
opening the door
of mystery:
billed as the wisest and most loathsome of hags!

Deep in a cave, in the shadows,
your face
lit up by the flames,
you dissolve in a cauldron
the heads and tongues
of people whom the vanity of life forgot.

But in that cauldron too,
full of poison, dissolving
with the tongues of many serpents, was
the blood
of her that I loved,—and her heart and head.

When speaking about the Maltese "primitives" we remarked that their great merit had been that they demonstrated the possibility of creating serious Maltese poetry, provided there was a poet. Muscat Azzopardi gave the initial impetus to the movement. The poets who contributed to his periodical *Il-Habib* exceeded his wildest expectations. At the same time, the very success of these writers, Cuschieri and Cremona especially, created certain problems which could easily have led to stagnation without a major poetic genius. They had experimented with all varieties of verse, created an extensive poetical vocabulary and polished the language to such an extent that subsequent poets would either be tempted to follow the beaten track and create mediocre poetry, or experiment even further without bringing the style to maturity. Fortunately, the genius who was to bring Maltese poetry to its full bloom belonged to that same generation.

Dun Karm's noble sentiments, his effortless feeling for language and his creative imagination combined to strike a classical balance in his poetry which incorporated the contribution of his predecessors, matured the efforts of his contemporaries and opened up innumerable potentialities for the future.

The generation following Dun Karm does not concern us directly except in so far as it was influenced by him. Dun Karm provided the younger poets with an ideal and a criterion. In this sense he is a classic; in fact he is *the* classic in so far as he reached perfection of form in Maltese. This does not mean, however, that he exhausted the possibilities of the language or of poetry. There was still very much to write about, and there were other innumerable ways of approaching the same subjects. In fact, with Dun Karm as their guide, Ružar Briffar, Karmenu Vassallo, Ġorġ Pisani, Mary Meylaq, Ġorġ Zammit, Wallace Gulia, and others created a new and delightful poetry which is well worthy to travel beyond its island home. A selection of their poems in translation will be found in Professor Arberry's *Maltese Anthology* (Oxford, 1960) together with selections from the more recent novels and short stories that now flood the market.

Special mention should here be made of Professor Saydon's translation of the Bible into Maltese. Besides being a solid work from the point of view of biblical scholarship, the translation contains the very purest Maltese. I sincerely hope that many people who at present consider it as far fetched will open their eyes to the priceless treasures of language it contains and study it more seriously.

The main difference between the poets of Dun Karm's generation and those of the present is twofold: the older poets had their training in Italian, the younger ones take English and French verse as their model; the subjects treated by the earlier poets were mainly religious, patriotic, or narrative, approached rather objectively, while the younger writers deal with all kinds of subjects from a rather subjective standpoint. Their poetry is modern in so far as it takes into account the whole complex of our civilization with its fears and anxieties, its social upheavals, its emphasis on the psychological rather than on the metaphysical, and its dangerous pessimism. Fortunately, they have not yet been tempted to imitate the obscurity of certain modern English writers. Perhaps Malta is not sophisticated enough for that yet. It goes without saying that the language has undergone certain changes since the time of Dun Karm's first poetry, and experiments are continually being made to speak to the people in the new post-war language. If these young poets live up to what is expected of them, however, there is little to fear for the future of Maltese literature. They will undoubtedly have to face new problems which may even require another Dun Karm to solve them satisfactorily.

The divergences of the younger poets do not amount to a break in tradition. The same clarity and simplicity of expression, the same Christian outlook on all things and events, the same interest in man rather than in nature, and the same Maltese background, social, geographical, historical and psychological, still brand modern poetry as typically Maltese.

The birth and growth of Maltese literature from the local dialect is reminiscent of the beginnings of Italian literature in the Middle Ages, its struggles against Latin, and its victory in Dante. At the same time it is a pointer to the future if some of the Arab and African countries take the hint and lavish more care on their native speech. Malta is a small island of three hundred thousand inhabitants. Not much can be expected from such a tiny country, for numbers do count in the long run. In fact, Malta's literary achievement is out of every proportion to its size, and that is mainly due to Dun Karm.

Before we turn to a closer study of Dun Karm it would not be unprofitable to linger awhile and make some further reflections upon the nature of Maltese poetry, its prosody and inspiration in particular.

Although a chair of Arabic existed at the University of Malta during the time of the Knights and well into the nineteenth century, it cannot be said that the Maltese took any real interest in Arabic literature. When poetry began to be written it was only natural that it should be modelled on the poetry of that country to which the Maltese had always looked for their cultural inspiration. Italian prosody was taken over in its entirety. In fact, in the short description which follows we shall make no reference to Italian as it may be assumed that what is said applies equally well to both languages.[1]

There are both long and short, accented and unaccented syllables in Maltese, but the unit of Maltese verse is not the foot, as in Latin, English, and Arabic, but the syllable itself

---

[1] Cf. K. Vassallo, *Metrika Maltija* (Valletta, 1949[2]).

and the rhythmical accent of the verse. Hence, while in English "The quàlity of mèrcy is not stràined" is an iambic pentameter because it contains five iambic feet, in Maltese it is a decasyllabic verse with the accents in the second, sixth, and tenth syllables. The position of these accents is fixed in verses containing an even number of syllables while in those containing an odd number the position of the rhythmical accent may vary. The closest parallel is in English sprung verse. Here is a table of the verses most frequently in use from the shortest, the disyllabic verse (which is never used alone in poetry), to the longest, the hendecasyllabic:

The disyllabic turns up occasionally in poetry together with longer verses.

The trisyllabic has one accent on the second syllable: "Bla bìdu."

The quadrisyllabic has a principal accent on the third and a secondary one on the first syllable: "Rúħi xàbba'."

The pentasyllabic has its principal accent on the fourth and the secondary on the first or second: "Għólja xemxìja."

The sexisyllabic has its accents invariably on the second and fifth syllables: "Bennìnni ha' nòrqod."

The septisyllabic has a constant principal accent on the sixth and one or two secondary ones on any of the first four: "Dan bíss, ħabib ta' qàlbi."

The octosyllabic has two invariable accents on the third and seventh syllables: "Int sabìħa Malta tàgħna."

The enneasyllabic has also constant accents on the second, fifth, and eighth syllables: "Oħòrġu mill-òqbra minsìja."

The decasyllabic has its three accents on the third, sixth, and ninth syllables: "Oh xi żmìen! b'dik il-ħàjta f'idèjja."

The hendecasyllabic is the most complicated of all and also the most malleable. It has a constant principal accent on the tenth syllable, and others on the sixth, or fourth and eighth, or fourth, sixth, and eighth, or (seldom) fourth and seventh: "Lil min ta' ħàjtu ma jagħràfx is-sèwwa."

The verses with five, six, seven, and eight syllables can be doubled so as to have a double verse in the same line: "Ismágħha l-għànja — ghánja tal-hàjja."

Rhyming varies, but there is the rhyming couplet, aa, bb; the triplet aba, bcb . . . ; the quatrain abba or abab, the sextain ababcc, etc. All genres of poetry, from the elegy to the sonnet, are represented in Maltese, as we shall have occasion to observe in Dun Karm. Although the Shakespearean sonnet has been used by later poets the variety most in use is the Petrarchan, having an octave and a sextet with various rhyme combinations.

The Maltese poets not only received the technique of their art from Italian, but much of their inspiration as well. Dante and Tasso had long been taught in the schools, and the Romantics, Foscolo, Manzoni, Leopardi, Giusti, together with the late Romantics, Carducci, Pascoli and d'Annunzio, were read and studied with avidity. The anti-Romantic and futurist tendencies of Dino Campana, Ungaretti, Montale and Quasimodo had hardly any influence on Maltese literature, since when they were coming into vogue English was beginning to replace Italian as the cultural language. The new generation was bred on Palgrave and the Oxford anthologies. Fortunately for Maltese poetry, T. S. Eliot, Auden, Pound and the contemporaries were not read in the schools. I say fortunately, not because I have less respect for these great poets than for their predecessors, but because it was necessary for Maltese literature to tread the beaten track before experimenting with new forms of poetry. To try to continue where the Romantics or the Victorians had left off would only have led to Baroque imagery and style. It was all to the advantage of Maltese poetry that it avoided the unsound position of some modern musicians who are taught the atonal or polytonal systems without the discipline of Classical and Romantic harmony. As the language was yet virgin, Maltese poets could afford to use classical forms and Romantic imagery with such convincing simplicity and purity of style that it would be most unfair to brush aside their efforts as lacking in originality. Nor does the reader receive the impression that he is reading verse which belongs to the last century; first, because this poetry is written in the language he uses in everyday life, and secondly, because the background of thought is modern.

We would like to repeat here that Maltese poetry is not Italian poetry in Maltese dress. The Maltese temperament is closely akin to the Italian, but it also contains unmistakable signs of its Semitic origin and its different historical evolution and environmental influence which impress themselves upon the literature.

Although Maltese poetry developed independently of Arabic literature, there is a certain resemblance between the literary movement in Malta and in the Arab world. Before the First World War, Arab poets were rather loth to relinquish the classical Arabic prosody with its complicated forms and mono-rhyme that can produce superb verse in the hands of a major poet but can be so obstrusive when used by a lesser one. The post-war experiment with Western verse techniques fructified in a fresh poetic movement which does credit to the Arab world.[1] The language in which this poetry is written is Classical Arabic, the language of the Qur'ān that gives unity to the Arab nations. However, Classical Arabic is not natural either to the writer or to the reader who in everyday life speak various forms of colloquial Arabic. The colloquial is still considered to be unsuited for poetry, and therefore any poetry which might be composed in dialect is only transmitted orally. If it is written down it immediately receives a classical dress.[2] Thus Maltese is the only Arabic dialect that has a literature of its own.

Dun Karm was born at Żebbuġ on 18 October 1871. His parents were honest folk of modest means who came from the

---

[1] A. J. Arberry, *Modern Arabic Poetry* (London, 1950).

[2] Cf. H. A. R. Gibb, in *The Encyclopaedia of Islam* (Leiden/London, 1957), 1, 596 f.

same small town. Dun Karm must have seen very little of his father, who spent most of his life on a little cargo vessel trading between Malta and Greece. He was consequently very much influenced by his mother, a woman of strong personality, sound faith, and practical common sense; her image impressed itself indelibly upon the young child.

The poet received his primary education at the local government school and his secondary education at the Diocesan Grammar school. At the age of seventeen he moved on to the Theological College at Floriana to study for the priesthood. He was barely twenty-three when he was ordained priest. We shall leave the description of Dun Karm's subsequent career to his friend Professor Ġ. Aquilina, who gives an excellent summary of it in the preface to his anthology of the poet's Maltese works:[1]

In the February following his Ordination he was appointed lecturer at the Seminary in Floriana. It was around this time that he began to experience a serious threat to his health: a general nervous debility prohibited him from applying himself entirely to his work. It was the mental fatigue which is experienced by those who overburden themselves with worry or with work, but it almost proved fatal; and to commemorate his recovery he wrote a poem in Italian entitled *Risveglio*. There is also an allusion to this breakdown in his Maltese poem *Il-Ġerrejja u Jien* ("The Drifter and I"):

> I struggled and battled
> with billows and whirlwinds,
> and twice I saw Death with her obscene grin
> beckoning me under the waves:

The poet himself elucidates this reference in a letter of his to me: "When I wrote these verses I remembered—and a dark cloud passed over my eyes as I did so—the nervous illness which I suffered afterwards, the bitter fruit of much unwise and uninhibited swotting over books during the last years of my course. This terrible illness drove me to the edge of the grave, and kept me tottering there for

[1] Ġ. Aquilina, *Dun Karm, Antoloġija* (Valletta, 1952), pp. iii f.

months." And commenting on his Italian poem *Risveglio* he writes: "I recalled my recovery: those first days in which the fresh surge of blood came back to me, and the hope of a new life smiled upon me; I recalled the flush of enthusiasm with which I resumed my work in my little room at the Seminary, where I had been called to lecture in 1895, and the sweet poesy that flowed from my heart without effort."

For twenty-six years he taught at the Diocesan Grammar School, where he took Italian, Latin, English, Mathematics, Geography and Cosmography at one time or another; and he lectured in Church History and Christian Archaeology at the Theological Seminary.

On the 1st June 1921, the day following his last lecture at the Seminary, he was appointed Assistant Director of the National Library; in 1923 he became Director of public libraries and external examiner in Italian at the Royal University; and in 1939 he was nominated external examiner in Maltese. He retained his post of Assistant Director of the National Library until 1936 when he retired on pension. In that year he was commissioned by the Government to work on the official English–Maltese dictionary which had been begun in the previous year. Dun Karm completed this task with distinction in a much shorter time than had been anticipated. In 1945 he was given a Litt.D. by the Royal University, the first to whom such a distinction has been awarded, and on the 4th August of the following year, the anniversary of the death of his friend Ġuże Muscat Azzopardi he received the "Golden Medal Ġ.M.A." for Maltese Literature, an award founded by the great writer's son Ivo. The Governor himself presented Dun Karm with the medal.

Dun Karm's career lacked neither joy nor sorrow. His life at the Seminary, where he was befriended by his books, his students, and his fellow-priests, was a happy one. But a time came when it was clouded with sorrow and sadness. This was the time when Cardinal La Fontaine came to Malta as Apostolic Visitor and made some very radical changes which involved Dun Karm in some trouble without any fault of his own. His main regret was that he was forced to part from the Seminary, from his teaching post, his students and his friends. He recalls this time in the letter quoted above in which he explains the relevant verses of *Il-Ġerrejja u Jien*: "I remembered... my mind recoiled from the ghastly image.... I remembered the time when people who lacked both feeling and common sense, full of themselves and filled with pride, together with some others who should have had a clearer understanding of their mission, caused confusion and disaster. As a consequence I suddenly found myself all alone: my mother had died some time before, and I was cut off from my brethren and my friends, buried alive in a small apartment in Valletta, where I knew no one, and no one knew me. I had no companion to my woes but a tiny golden bird who used to soothe my sorrow with a song I had once taught him. Once again I found myself staring into the grave, and I would have surely tumbled inside it had it not been for the iron fibre, inflexible nerves and staunch heart with which my father and mother, ancient folk of sound constitution, had endowed me."

Witness to these sad days is the poem *Lill-Kanarin Tieghi* (" To My Canary") which resounds with memories of the distress and anxiety he bore all alone and in silence:

> What brought us together in this so silent house
> You perchance do not know, O golden bird;
> Neither do you know why, when I go out
> To my work in the morning, I close the door after me
> And lock it with a key, and never a footstep,
> Never a breath you hear till once again
> I turn the key in the lock, and enter the room.
> Better it is that you know not; thus no share
> You take in my sorrow, and between days and nights
> You pass your life without any grief at all.

There are two distinct periods in Dun Karm's literary career. In the first of these he wrote poetry in Italian, thus reaping the praise and glory of the contemporary Maltese intelligentsia. In the latter he abandoned Italian poetry for Maltese. This second period can itself be divided into two phases: first when Maltese was trodden under-foot in its own home—Dun Karm made many enemies then—and a better time when Italian ceded its ascendency as official language to Maltese, the rightful master of the house in which it was spoken.

Dun Karm's Italian poems have been collected together and published by G. Curmi in a volume entitled *Liriche*. His Maltese poems, which were also scattered here and there in journals and reviews were published by Dr Ġ. Bonnici in three volumes: *X'Habb u x'Haseb il-Poeta*, *X'Emmen il-Poeta*, and *X'Għamel Iżjed il-Poeta* (1940). He wrote some more poems during the war. At the time of writing Dun Karm is still alive, and has entered his 90th year. His boast regarding the soundness of the constitution which he inherited from his parents was not vain.

Before we pass on to study Dun Karm's literary achievement we must make mention of certain characteristics inherent in the Catholic priest in general—and very particularly to Dun Karm—as a consequence of his training and way of life, and which have a definite bearing even on his poetical experience.

The ordinary course in a theological seminary, even if it does not lead to a degree, includes two or three years of philosophy and four of theology. Both follow the scholastic method, which, whatever its merits or defects, certainly trains to logical thinking and precise formulating of ideas—sometimes a little too precise, as in the case of Hopkins. In lesser personalities it may tend to over-emphasize the intellectual side of the human psyche, but where a rich emotional experience co-exists with a sharp mind a balance is struck which can be admired at its best in many of the Catholic saints. In Dun Karm precise thinking is never arid. It is always the whole man that speaks.

The framework of dogma within which the Catholic priest thinks does not embarrass him in the least. He knows that truth is not a product of the mind but an objective entity to which the mind itself must conform, and therefore whether he discovers it for himself or receives it through the Church does not matter much as long as he holds it with certainty—there is always much more to discover anyway, so there is little danger of stagnation. The important thing is to work the truth into the texture of personal experience and achieve an optimistic serenity therefrom. In fact, with his Aristotelian realism and unshaken faith in the supernatural, the priest is at liberty to move simultaneously and without conscious effort within two spheres of reality, the natural and the mystical. In spite of his all too realistic awareness of the grossness of the world that surrounds him, he is convinced that the objects and events among which he lives are but shadows, symbols of higher values, unseen but no less real. His troubles start when he candidly supposes that the inhabitants of the Waste Land, Apollinax, Prufrock, and Sweeney in particular, enjoy the same scale of values as himself. Fortunately for Dun Karm, his audience lacked sophistication and still made serious efforts at being Christian, so that he could afford the luxury, nowadays denied to so many Christian poets, of expressing himself with a joyful simplicity not unlike that of St Francis.

The greatest asset—occasionally also the greatest burden— of the Catholic priest is his celibacy. If this is understood and accepted in its true light, not as a merely negative precept keeping the priest away from marriage, but as the complete and undiluted surrender of his heart to God, it will have the effect of producing a stable personality upon which the hesitating world can rely. If it is misunderstood it can upset the character of a man.

It nevertheless remains true that "Das ewig Weibliche zieht uns hinan", and that even a priest must possess what Jung calls an "anima" if he is not to lack inspiration. One need not seek the *Ewig Weibliches* in a Gretchen. The unbelieving Goethe himself found it in the Virgin, and Dante received his inspiration from the Heavenly Beatrice. Dun Karm's *Anima* was his mother who assumes a supra-personal character in his poetry. This, together with an intense love of Christ, produced in Dun Karm—to make further use of Jungian terminology—one of the finest examples of an "integrated personality".

31

As a writer of Italian poetry Dun Karm suffered under a triple disadvantage: he wrote in a language that was not his own, he wrote religious poetry, and he had not yet reached his full maturity. On the other hand, the value of this earlier Italian training for his Maltese poetry can hardly be exaggerated.

When we say that Dun Karm wrote in a language that was not his own we certainly do not intend to derogate anything from his perfect command over Italian. But Italian has never been spoken as a native language in Malta. It has always been learned from books, and books which truly represent the latest development of a language take time to settle in a foreign country. One is tempted to fall under the spell of great writers, absorb their style, and forget that in their own land more recent literary circles have already started to question their authority. A good poem in the style of Pope can be an inestimable asset in the English tripos but will hardly find its way into a modern anthology. Now Dun Karm fell under the spell of Vincenzo Monti (d. 1828), a great poet, though hardly one of the greatest figures in Italian literature, and of Alessandro Manzoni who was primarily a prose writer. The style of these two poets had its last representative in Leopardi, with faint echoes in Carducci, whom Dun Karm also admired. But already Giuseppe Giusti (d. 1850) had adopted a less classical diction, and Giovanni Pascoli, Dun Karm's senior by fifteen years, was as fresh in his language as Wordsworth in his own time. The anti-Romanticists of course, as in every other country, went further still.

It is not surprising, therefore, that Dun Karm's Italian poetry, though impeccable from the point of view of technique, classical imagery and language makes use of certain eighteenth-century phrases which were very highly valued by the *élite* in Malta but which may have lacked in persuasiveness in Italian literary circles. Nevertheless, it cannot be doubted that in spite of his literary preferences Dun Karm always reveals himself as a

real poet. Even a relatively early poem such as *Risveglio*
mentioned above is a good illustration of his poetic power:

> Deh! torna: ne l'ombra silente
> degli alberi folti abbracciantisi
> austeri fantasmi nell'aria
> non piango su l'ultimo bacio
> d'un rosso crepuscolo. Scende
>
> sì come carezza materna
> su l'intima fibra de l'anima
> la pace. Nel vergine riso
> s'acqueta degli astri, e nel sonno
> si chiude la stanca pupilla.
>
> Deh! torna, sublime sospiro
> dei cuor, Poesia: ritrovami
> allor che a la sponda ove attendo
> mi giunge col languido fiotto
> il primo sorriso del dì:
>
> e il cielo di candida nebbia
> soffuso man mano s'imporpori.
> Aleggiami intorno, soave
> conforto, e nel fulgido sole
> la gioia operosa ridesta.
>
> Già l'estro si scuote! il trionfo
> s'affaccia tra sogni fantastici
> sì come su nuvole bianche
> leggera s'incurva e sorride
> vaga iride, nunzia di pace.

There are two approaches to religious poetry. One can
contemplate the faith as one beholds a picture or admires a
building, describing its beauty and giving vent to the senti-
ments that arise from such a rapture, or one can endeavour to
reproduce in words the profundity and mysteriousness, the
paradox and the sweetness of religious experience. In this
latter sense, *Żjara lil Ġesù* ("Visit to Jesus") and *Il-"Jien" u*

Lilhinn Minnu ("Beyond Self") are great religious poems that could easily hold their own in any language. But Dun Karm's earlier Italian poems take the easier, and at the same time more difficult objective approach. The Christian faith has been the object of learned treatises, sermons and poems for twenty centuries, and the problem of how to avoid the beaten track and render one's language convincing is far from negligible. However, the poems *Cristo, Fiore Eucaristico,* and *A P. Charles Plater* among others are worth a special mention.

What Dun Karm's Italian poetry would have been had he continued writing in that language is hard to surmise. In his later poems he adopted a freer verse and a simpler, more graceful language as in *Carità* and *Madre,* two delightful poems that approach Pascoli. He also increases his range—though why he should have written two poems to Christopher Columbus I just cannot understand: an ode to his sailors would have been more appropriate—and speaks the language of a mature man and a convinced poet:

Sai tu, Melìta, che vuol dir Poeta?
Un uom che mai non rese
Omaggio ai vili e non vendè il suo canto:
Un cuor che di Natura
Coglie la nota pura,
Straniero a tutti, ignoto al suo poese:
Un'anima cortese
Che sogna gioie e non gusta che pianto.

Ma se avvien che il disperso
Seme del mesto verso
Caduto in terra buona
Gli frutti il riso di gentil persona,
Ei segna l'ora lieta,
Ed è felice d'essere poeta.

On the strength of his Italian poetry alone Dun Karm would have lived on as a man of high literary tastes but hardly as a great poet. On the other hand, had he not been trained in the school of Italian verse Maltese literature would have been in serious danger of losing its greatest representative. For it was in this school that he acquired skill and ease in manipulating all the varieties of Italian verse forms, metre, imagery, rhyme and rhythm, which, as has been remarked above, are identical with Maltese prosodical forms. There, too, the softness and music of the *Idioma Toscano* so impressed themselves upon his ear that even when he wrote poetry in the harsher Semitic tongue he reproduced much of the grace and elegance of Italian. Moreover, the Virgilian flow of words which he absorbed from Dante, Monti and Zanella, and which had been firmly established in Italian, was absolutely necessary for the establishment of a classical style in Maltese if it was to begin at the beginning. Lastly, those Italian phrases which had run their course in the senior language sounded quite fresh and natural in Maltese. We must point out again, however, that Maltese imagery is not built up of second-hand Italian phrases, for what the Maltese poets, especially Dun Karm, did was not to translate but to transplant. They resowed the seeds of inspiration received in Italy in Maltese soil. The product was Maltese poetry.

When Ġużè Muscat Azzopardi in 1912 persuaded Dun Karm to change over from Italian to Maltese verse he rendered a service to his country for which his fellow countrymen should feel most grateful.

"All good poetry is the spontaneous overflow of powerful feelings." These words of Wordsworth are most true, though they cannot, and are not meant to be accepted as a definition of poetry; for music, too, is the spontaneous overflow of powerful emotions into sound; and the same can be said of painting. We must, therefore, complete the above statement by S. T. Coleridge's view that "Poetry means the *best* words in the best order" to arrive at a working definition, containing the material and formal elements of poetry, which can serve us as a criterion for examining the Maltese poetry of Dun Karm.

No one can ever be an artist of any kind unless he experiences profound emotions about something. Intellectual convictions can create a philosopher—and many poets have been philosophers—but a poet is only a poet if his experience is not limited to one aspect of his psyche but is grasped and digested by the whole person, mind, heart and all. It is not even necessary that a poet should have had a more exciting life than any other man. For what really matters is the way in which he interprets everyday experiences and not the momentous events that might easily pass unnoticed from the literary point of view. However, the richer and the more varied the experience of a poet the richer is his verse bound to be as well.

The two poems in this anthology which contain a direct reference to episodes in the life of Dun Karm, *Il-Ġerrejja u Jien* and *Lil-Kanarin Tieghi*, have already been referred to in a previous paragraph. Actually, there was not much in the way of sensational events that stirred the poet's life. Being a true poet, his soul vibrated almost to breaking point to the slightest stimulus of beauty. It was this quality which convinced him of his poetic vocation. *Non Omnis Moriar* and *Dell u Dija* ("Shadow and Light") are the two main sources from which we can understand Dun Karm's poetic experience. In the former he describes how his call came to him as a kiss on the brow from the Angel of Poesy with the words:

> Your portion is Singing:
> Beauty scattered over creation is your realm;
> Your happiness is of your Heart and your Mind.

From then onward he was consumed by the "longing infinite" that can only be satiated with beauty at its highest. If the poet loves nature it is not for its own sake for

> nothing can satisfy
> a heart aflame and consumed
> with the fire of Poesy   (*Dell u Dija*)

but because it is in nature and in the Classics which reproduce
it most faithfully that Dun Karm finds the most intense con-
centration of beauty:

> As in a glass is gathered
> the sun's radiance, and where it is gathered it burns,
> so for a few moments is gathered
> the variegated beauty scattered throughout creation
> within the thought of the poet.   (*Ibid.*)

In this trance he transcends both himself and nature having

> Visions that Time and Space
> keep hidden from other eyes   (*Ibid.*)

and comes "face to face with the Eternal Dawn". For one
brief moment the experience culminates in the "infinite joy that
he is a poet". Thence he descends to repeat the divine song;
not in his own words, for

> of his own will
> He sings not, that enchanted one.
> As a harp sounds when trained fingers
> Run artfully over the bunched strings,
> So the poet sings
> When touched by the hand of God:
> Herald of Truth, mirror of Beauty.
>
> (*Non Omnis Moriar*)

Whether his song is accepted or not is not his concern, for he
is urged on by the prophetic spirit and cannot but speak. How-
ever, it is with prophetic authority that he addresses his
countrymen. The experience he received when face to face with
the Eternal Dawn was not only aesthetic but also moral.

The greatest disappointment of our prophet descending
from the Holy Mountain was to find his people adoring foreign
tongues. He did not mind them neglecting his poetry, even

though it had proved beyond question that Maltese could give adequate expression even to the loftiest visions, but to neglect one's native tongue seemed to him against nature. Hence the gentle reproof contained in one of his loveliest and most penetrating stanzas:

> Why do you spurn the tongue your mother gave you
> and lose your heart upon a foreign idiom?
> Maltese was the first word you ever uttered,
> and in Maltese you spoke, a happy infant.   (*Għaliex?*)

To one who was trying to work out what is the quintessence of being Maltese, the abandonment of those traditions which had made Malta what it was could not but cause the deepest sorrow. The monuments of antiquity scattered all over the island, scenes of famous battles such as Wied Qirda and the bastions of the Three Cities, even small objects preserved in the local museums bore witness to the noble history, heroic valour, and, above all, to the unwavering faith of the Maltese. Now this spirit has been debased. Moral and social disorders march forward under the banner of "progress":

> Still we've got the aeroplane,
> We've got the talkies, the wireless...
> Three cheers for our Century,
> The Century of True Progress!   (*Progress*)

We may still erect monuments to our heroes and to Christ the King, and honour them on the anniversaries of the great events in history, but

> Oh! when arrives the holy commemoration
> of sad September, and in their graves forgotten
> stir once again the bones of those mighty heroes
>   with a long sigh,
>
> give heed to me: come not with vaunting on your lips
> and laurels in your hands before the Monument:
> I tell you plainly, your vaunt has become a lie,
>   a lie the Monument.   (*Lil Malta*)

It must not be imagined that Dun Karm is an obscurantist. He takes a lively interest in science and does not mind change as long as essential values are not abandoned. Essential are primarily those values that have always been treasured by our Christian civilization.

But Dun Karm is a prophet not a preacher. He upheld the national ideal, created a national sentiment and took pride in being Maltese. His aims were never political. He is to Malta what Tennyson was to Victorian England.

Although the historical cities and bastions of Malta aroused in Dun Karm romantic visions of the past, the life of the city was associated in his mind with all that is artificial and unnatural, as against the free life of the country, symbol of guilelessness and natural simplicity. It is certainly fascinating to live in a historical town built by the Knights, but the hard narrow streets crowded with business people righting with ill things bad begun, create a nervous tension that occasionally finds relief in hysterical laughter and troubled sleep:

> I would not tarry longer in the shade of those city-streets
> From which the blue of heaven appears but like a sash,
> I would not tread under my feet pitch and limestone
> Hard and pitiless.
>
> I would not look upon the soured lowering faces
> Of angry men who mutter to themselves, or
> Slothful men loitering, plotting all the while how
> To cheat their fellows. (*Xenqet ir-Raba'*)

The soft green grass, the fresh air and open sky of the country provide a pleasant contrast and bring forth what is highest in man. It is here that the poet receives his inspiration:

> I gathered that song under the steady sun
> from gardens red with orange trees, from fields
> waving with golden corn,
> from shady valleys
> white and fragrant with wild narcissi. (*Dell u Dija*)

He feels that the simplicity of country life transforms the character, and even the appearance of the villagers. They have more wisdom and less guile, less restraint but more seriousness. They live with Nature and absorb her beauty:

> I want to see maidens with uncovered tresses
> Burnished as gold, or black as the berry,
> Flashing their eyes, radiant with health, and
> Without their knowing,
>
> Happy, strong in their quiet affection
> Sober their gait, though their flanks are leaping
> With every stretch of their legs, and their breasts
> Dance as they stride.   (*Xenqet ir-Raba'*)

Even the language of country people is pure. Unlike the dialects spoken in the towns it is not contaminated with sophisticated Italian and English phrases but has been handed down from mother to child in its purest form:

> Those pure words that leap out of their hearts
> Like water gushing forth from a granite rock,
> Words of savour that their mothers taught them
> Come down the ages.   (*Ibid.*)

This idealization of Nature is a gross exaggeration of course. It must not be imagined that there is all that difference between towns- and country-people in Malta; but it is revealing with regard to Dun Karm's Romantic outlook. His word pictures often have a Constable touch about them, and although he looked up to Greece and Rome for the ideal of classical beauty (*Musbieħ*), when he describes an actual painting in *Alla Mhux Hekk* ("God Is Not Thus") it is a sunset that would do honour to a Wagnerian stage. On the other hand, one cannot read the lovely genre poem *In-Nissieġa* ("The Weaver") without immediately recalling the mellow light and simple beauty of Vermeer's interiors.

This romanticism attains its highest point in the poet's mystical communion with Nature. Dun Karm is too much of a realist for his mysticism to be of the Eastern type. His ego always remains eminently personal and never dissolves into its environment as in certain forms of Indian and Japanese mystical experience. On the other hand, Nature is clearly alive in his eyes, and this is something more than mere personification. He begins by attributing psychological moods to abstract nature. Addressing Whiteness he writes:

> and in my heart was kindled
> A fire of love when I saw you in the evening
> Gazing pensively from the face of the moon;
> And I dreamed a dream of paradise—   (*Bjuda*)

But when he contemplates nature long enough even inanimate objects spring to life. An excellent example is the delightful little poem *Xemgħa* ("The Candle") in which the unobtrusive introduction of a capital letter dissolves the candle into the bees and flowers that gave birth to it. It now consumes itself lovingly and silently on the altar of the Madonna to bring to her the homage of gardens and valleys.

Then nature speaks back to the poet. The red clover flower that rises on its side to gaze at the sun speaks to him of love, and the counterpoint of colours in a bunch of flowers teaches him more about the art of poetry:

> Ah, if I knew but the art
> That fashions for you the verses,
> That weaves for you the many coloured strophes,
> Poem of the gardens!   (*Ward*)

The step from nature to God is never forced in Dun Karm. The contrast between God's art and a painter's picture in *Alla Mhux Hekk* is most convincing. No less natural is his regarding the sun as a symbol of Christian resurrection in contrast to the dead straight-line regularity of a clock (*Arloġġ*). In fact, to die with nature which is so near to God is the poet's wish:

> And there I wish to die: from thence my heart
> Shall soar more swiftly unto heaven;
> There more serenely will my thoughts be concentrated
>   On God's compassion.   (*Xenqet ir-Raba'*)

For God not only created nature, He lives in it. A child can see Him smiling through its mother's eyes:

> And from that universe of goodness and of light
> Which shines in sweetness upon a woman's face
> God leans down, and smiles upon the babe.
>
> (*Univers Iehor*)

This attitude is typical of Dun Karm. We have already remarked that he beheld in his own mother a supra-personal figure that personified Faith and Beauty. At the same time her death distressed him greatly:

> All things return; but you, my mother,
> Return not from your grave to greet me;
> Your smiling lips, your words of comfort
> Are lost with you in the land of the dead.
>
> (*Inti ma Tarġax*)

However, it is precisely the image of his mother which has been fixed in his memory that reassures him in the moment of doubt and, like Beatrice, guides him to the vision of truth and the submission of faith:

> I paused. Beautiful in all her loveliness
> the image of my mother appeared before me.
> Sweet was the smile upon her lips; sweet
> the quiet radiance of her gaze; sweet
> the corn-brown countenance under the white abundance
> of her velvet tresses: and I loved her.... (*Il-"Jien"*)

If everything speaks to the poet of God, it is not surprising to find such a refined religious sensitivity in Dun Karm. His is not the sweet sentimentality of superficial religion but a profound serenity born of conviction for which he has had to fight hard. His keen mind was sensitive to the contradictions and hardships of life around him. But whether these difficulties upset a man's faith or strengthen it depends very much on the attitude of the man himself. If the flame of doubt is fanned by pride it will reduce the whole personality to ashes. Compromise gives no peace in matters of faith. The only way out is the complete surrender of the Self which is the main theme of Dun Karm's greatest poem: *Il-"Jien" u Lilhinn Minnu.* Once the victory is won the poet is at liberty to taste of the peace which surpasseth all understanding:

> Never shall I forget the sweetness I felt
> That time in my heart, O Jesus.   (*Żjara lil Ġesù*)

This peace radiates from all his poetry. It gives him assurance even in the face of death:

> Night was approaching, approaching; but in my brain
> Shone a light brighter than the sun, and in my heart
> Was born a new joy. Is such the speech of Heaven?
> I thought no more of the past; the tears were dry
> On the lids of my eyes, and like a fair star
> Over my life shone forth in splendour Hope.
>
> (*Ibid.*)

Dun Karm is an optimist both by nature and by conviction. The concluding lines of *Il-Ġerrejja u Jien* reflect a calm attitude of expectancy, not of the inevitable but of that which is actually desired. Even the joy which lies hidden in nature is nothing compared with the hope of immortality. Dun Karm is humbly but firmly convinced that he will not only live on as a poet, the main theme of *Non Omnis Moriar*, but that he will rise again to live forever with Christ. The beautiful lines of *Lill-Kanarin Tiegħi* are typical of this attitude:

> So the two of us live then, golden bird:
> You happy with yourself and with my love,
> I in the hope that God in my heart engendered.

The highlights of Dun Karm's experience which have been touched upon in the preceding paragraph bear witness to the richness of his personality. His sensitiveness to beauty would have been of little avail, however, had he not possessed the extraordinary gift of communicating his emotions by means of "the best words in the best order".

The task of writing Maltese poetry was not an easy one. In 1912 there was very little Maltese poetry to build upon and hardly any poetic vocabulary, however this term might be accepted. Ġ. Muscat Azzopardi, Cuschieri and Cremona were faced with the problem of creating a poetic language almost *ex nihilo*. Their contemporary Dun Karm seems to have settled the question once for all.

The problem in any literature, especially in contemporary literature, is to define what we mean exactly by poetic language. If we merely content ourselves by saying that it is the language used by poets we are immediately faced with a further question: Which poets? And what criterion did the poets themselves go on? Milton wrote successfully in a language which, even in his day, was more akin to Latin than to English. Wordsworth, on the contrary, was determined that his poetic language should be as close as possible to the spoken language. Dun Karm, following his Romantic tendencies, seems to have decided on the latter course. His practice can be very aptly formulated in the following quotation from an essay on Johnson by T. S. Eliot:

We...should be able to recognize that there should be, for every period, some standard of correct poetic diction, neither identical with, nor too remote from, current speech; and must concede that the right poetic diction, fifty years hence, will not be the same as that for today. I mean that the vocabulary, the idiom, and the grammatical rules for poetry, cannot be identical with those of prose. In the choice of words, Johnson's restriction remains true: that "those sounds which we hear on small or on coarse occasions" are to be avoided—except, I must add, when it is the purpose of the poet to present something small or coarse; and that: "words to which we are nearly strangers, whenever they occur, draw that attention to themselves which they should transmit to things"—except, I should add, when the word is the only word for the thing, or when it is the poet's purpose to draw attention to the word.

Dun Karm's poetic diction, therefore, though having the spoken language as its basis, differs from it in some respects. First, his language shows more restraint. Some classical grammatical forms in Maltese show signs of disintegration in the colloquial. Thus the preposition *ta'* often replaces the construct state to denote possession: Dun Karm uses the more grammatical form unless a *ta'* is required for metrical purposes; the Comparative and Superlative are often lazily formed by adding *aktar* and *l-aktar* instead of employing the proper form: Dun Karm prefers *l-ibgħad*, for example, to *l-aktar bgħid*; where an adjective or adverb can be formed from another word this form is preferred to words compounded with prepositions, for example *warrani* for *ta' wara, għassiesi* for *tal-għassa, għaddieni* for *li jgħaddi*; the same applies to verbal forms where the more correct derived forms often give way to auxiliaries especially in the formation of the passive or reflexive: thus *nqatel* is better than *kien maqtul*, etc. These transformations are not felt as foreign to the language because the grammatical form to which they belong is not obsolete; it is used in innumerable other cases even by the man in the street, and so when they are applied to cases where the grammar is slackening they are immediately experienced as better Maltese. Looser forms are employed for reasons of prosody of course.

Secondly, Italian words are used sparingly. Dun Karm constantly prefers to use words of Semitic origin provided that they are still in use in some part of the island, or have just recently given place to a foreign word. He sometimes forms new words from already existing ones but never looks up an Arabic dictionary to borrow words that have never existed in Maltese. Thus Dun Karm has conscientiously fulfilled the duty of every great writer of broadening and strengthening the vocabulary of the language without in any way diluting it. To Maltese ears his vocabulary does not sound archaic although a few words might not be easily understood by the man in the street; such are *lubien, irdumi, tikfes, ifrat,* etc. (cf. glossary). But then the poet is not expected to descend to the level of the man in the street. In general Dun Karm is quite understandable to the educated person.

Lastly, the construction of Dun Karm's sentences hardly differs from that of prose except when a word is shifted here and there, for purposes of emphasis or of rhythm; for example, in the poem *Nofs il-Lejl Sajfi* ("Summer Midnight") the word *ħiemed* is transposed to the beginning of the poem:

Hiemed il-qamar jiddi
fuq id-djar ħiemda

immediately sets the psychological mood of the whole poem. In the same poem the construction *ta' l-arloġġ it-twissija* is infinitely more melodious than *it-twissija tal-arloġġ,* but there is hardly any other construction in the whole poem which would not be used by a prose writer of taste. And yet all the time the poet is following the strictest rules of Maltese prosody. This has the effect of indicating to his unbelieving countrymen that their language has a melody of its own when manipulated by a master. Dun Karm's sentences are usually not very long, and never baroque or forced. To Maltese ears they are reminiscent of the intonation of a wise and kind-natured man talking to a friend he trusts.

Dun Karm never chooses his verse forms at random. When he has a flash of inspiration which he wants to transmit in all its concentrated power he writes a sonnet. His sonnets all follow the Petrarchan pattern, containing two quatrains and two triplets rhyming abab-abab-cdc-ede or abba-abba-cdc-ede with either a pure hendecasyllabic or mixed hendeca- and deca-syllabic versification. They are always neatly composed, with an introduction, development, transition and climax that form a whole. The thought is always worthy of Dun Karm.

The more meditative poems—*Żjara, Fil-Katakombi, Rmied,*

Lill-Kanarin, Non Omnis Moriar, Il-"Jien", Għaliex? and *L'Oqbra* in this anthology—are all written in hendecasyllabic free verse at which Dun Karm is a master. Unhindered by rhyme, he is free to concentrate on the rhythm and vocalic colour of his words. The loose framework within which this verse can move enables the poet to vary his mood from the *piano* of the only obligatorily accented tenth syllable to the melodious *forte* of the regular iambic, rather than bind himself to the harpsichord-like serenity of measured metre.

Very similar to the free hendecasyllabic is sapphic verse. It too is composed of unrhyming verses of eleven syllables, but every fourth verse has only five syllables and lends itself to containing an apophthegm that suddenly relaxes in the following line and creates a rhythm of terseness and relaxation throughout the poem. *Nissieġa, Ġerrejja, Xenqet ir-Raba'* and *Lil Malta*, which are among Dun Karm's most successful poems, are all written in sapphic verse.

The same rhythmic effect of expansion and contraction is obtained in another kind of free verse: the mixed verse of *Alla Mhux Hekk, Nofs il-Lejl Sajfi, Ward, Xemgħa* and *Dell u Dija.* Here, however, the expansion and contraction is more gradual but is even more extensive as it can range from a tense bisyllabic like *tiela', riesaq* through verses of medium length to the full hendecasyllabic. The *crescendo* can contain tremendous power. The following extract from the poem *Missjunarju* which is not included in the present anthology illustrates the point well:

> Telaq.
> Aktar ħafif fi ħsiebu,
> aktar ħafif f'passejh,
> raġa' sejjer lejn daru l-bniedem t'Alla.
> Jinżel ħotob imħaġġra,
> jaqsam widien,
> jofroq il-wileġ li kien feraq qabel;
> u jaħseb:

He leaves.
Lighter in his thoughts,
lighter in his step,
and returns to his own home, the man of God.
He climbs down craggy slopes,
crosses valleys,
fords the stream he had crossed before;
and thinks:

Of the rhymed varieties of Dun Karm's poetry, the alternating hepta- and pentasyllabic as in *Musbieħ*, *Progress* and *Arloġġ* is the most common. The pendulum arrangement of the stanzas in *Arloġġ* and the progression of stanzas representing the progress of time in the other two are minor arrangements that contribute to the beauty of the poem. Other rhyming verses are *Ateismu* (7-syll.), *Dan min hu?* and *Inti ma tarġax* (8-syll.) and *Quddiem Kruċifiss* (8 + 7 syll.). A delightful poem *Int Alla Ħanin* has alternating verses of two and three syllables rhyming abcb.

Mention must here be made of Dun Karm's translation of Ugo Foscolo's *I Sepolcri*. The importance of this translation for Maltese literature can hardly be overestimated. The critics of Maltese were convinced that verse in their native tongue could not rise to lofty poetic heights. When Dun Karm produced *L-Oqbra*, a literal translation of the most cherished of nineteenth-century poems, which surrendered no jot or tittle of the beauty of the original, only the most obdurate could persist in their ostrich policy. Besides *L-Oqbra* Dun Karm wrote three other long poems, but mostly his poems are relatively short. His style is never diffuse. He has the virtue of being able to paint a most vivid background to his poems with a few impressionistic touches. The opening lines of *Il-Vjatku* ("The Viaticum") are frequently cited as a striking example:

Darkness profound; a cold wind whistles
Through the window cracks, and on the closed panes
The drizzling rain incessantly patters,
And from the spouts

> Water spills down the streets. On the glaze
> Of the drenched ground here and there shivers
> The red glow of the lamps, as if they were
> Beckoning to sleep.

Dun Karm's descriptive power, and his ability to reproduce in the reader the same intensity of mood as he himself is experiencing with the strictest economy of means is the secret of his success as a poet. There are few superfluous words in his poems. Every phrase is functional, and if it does not draw attention to itself it will certainly lead to a brighter flash of imagery not far behind. Phrases like "Tears that mortals buy", "Rats that have learned from long experience that darkness is their friend", "Strong in silent love", "But the lazy man steals from others the bread he eats", "The poet places his hand on the heart of creation and feels it beating" and several others whose beauty can only be felt in the original are scattered profusely in his poems.

The long poem *Il-"Jien" u Lilhinn Minnu* can hardly be called tiring. It is a closely reasoned argument with rhythmical occurrence of obscure and bright passages that retain the attention. However, Dun Karm's poetry is never obscure beyond comprehension. He writes for an intelligent but unsophisticated public, and as many of his poems are didactic he follows the tradition of Church art that caters for the understanding of all and for the admiration of the artist. Though not all his poems are successful they are never cheap.

Every poet has his limitations, and it is precisely the shape and contour of these limitations that mark off the individuality of a writer. Even the so-called "European" poets wrote about something specific and had a specific approach. However universal their appeal may be, they are still as typically Western as Wordsworth is typically English. The greatness of a writer does not depend upon his omniscience but on the profoundness of his specific approach and upon the adequacy of his language to convey this experience. From the point of view of human experience, Western poets can perhaps be plotted down upon a common chart and compared with one another, but from the point of view of language their classification must remain relative, both to their own national literature as well as to their period.

It is useful to keep this distinction in mind if we wish to make an attempt at a general appreciation of Dun Karm's poetry against a European background. We indirectly pointed to his limitations when we described the extent of his poetic experience. His main interests lie with nature, history, genre scenes, and especially with the relationship between God and man. Description is his *forte*, whether it be of scenes around him or of moral states. But psychology and insight into human emotions lie almost entirely outside his sphere. Unlike Donne, he hardly ever sings of human love, but his approach can be called metaphysical in so far as this is necessary to religious speculation.

Dun Karm's inspiration was not continually at its apex. Very often he was requested to contribute to periodicals, and he made it a point to compose for certain occasions, such as the liturgical anniversary of St Paul's shipwreck in Malta. But it is very difficult, if not completely impossible, to keep an appointment with the Muse. However, these minor poems were of value in so far as they kept the writer in constant training, and gave him an opportunity to experiment with various rhythms and verse forms for when he would be overcome by moments of genuine rapture.

The objective religious poetry of Dun Karm is original in so far as it surpasses anything that was written before it. But it is mainly through his subjective religious poems that he achieved his greatness. Nevertheless, his faith is too intense and his *Lebensfreude* too evident for his internal struggles to appear real. For a man who is undaunted even by death there can be few dramatic moments. The appeal of his religious poetry lies in the placidity with which he presents his convictions.

Nor is there any secondary, allegorical, or mysterious meaning behind Dun Karm's verses. He says what he thinks in the most direct manner possible. At the time in which he wrote his audience would hardly have been prepared to stand any obscurity. However, lucidity does not imply superficiality. Not anyone and everyone can understand Dun Karm. His verses find most resonance in a soul which is as pure, simple, and loving as his own. There is a depth in simplicity which lies completely beyond the comprehension of the σοφοὶ τοῦ κόσμου τούτου.

We have already remarked elsewhere that Dun Karm's general disposition fits in very well with that of the Romantic poets. He is a child of nature; not like Émile, for he is thoroughly disciplined and thoroughly Christian, but this makes him enjoy nature all the more for he looks at it from the point of view of its author. His is the candid thrill of a sensitive soul when it comes into contact with beauty. It would be difficult to find a parallel to Dun Karm among the English Romantics. The closest parallel I can think of is the German Joseph von Eichendorff. He too was a Catholic, he too loved nature intensely, moralized from nature, and through his simplicity ranks very high among the poets of the first German Romantic Movement. If we plot down Dun Karm tentatively at the level of von Eichendorff on the European chart we shall not be far wrong. It may be objected that Dun Karm lived a hundred years after the German poet and was therefore not what one would call the son of his age. It must be remembered, however, that the beginnings of Maltese literature were retarded by circum-

stances beyond its control, and that its development had to be telescoped into half a century. The marvellous thing about it is that this literature has been able to catch up with European literature on a proportionate scale without omitting any of the essentials of the various stages of development of other literatures.

Paradoxically enough, Dun Karm, like Shakespeare, is a Romantic in thought and sentiment, but is purely classical in relation to his own literature. He will never cease to be a criterion for the use of language in Maltese literature. Styles may change, but beauty of diction will always be measured against Dun Karm's use of words, because in him, as in Shakespeare, one can appreciate the full beauty of the language.

This does not mean that Dun Karm's use of language is impeccable and insuperable. His frequent exclamations "Deh!" and "Ahi!" for example, create the impression of being intruders from Italy that do not quite fit in with the temperament of Maltese. The constant recurrence of the adjective "sabiħa", too, often makes one wish that Maltese had more terms for "beautiful". These are only ripples in the ocean, however, and do not cast even a passing shadow over Dun Karm's claim to be a master of Maltese. It is only to be regretted that this great man must forever remain unappreciated beyond his island home because only a few hundred thousand people are able to understand his language.

THE POEMS

GHALIEX?[1]*

Għaliex tarmih il-Lsien li tatek ommok,
u titlef għaqlek wara Lsien barrani?
Maltija kienet l-ewwel kelma f'fommok
u bil-Malti tkellimt tifel daħkani

U kiber miegħek dak il-Lsien ewlieni,
u ġmielu ntiseġ mal-ġrajjiet ta' ħajtek:
bih fissirt qalbek meta sfajtli[2] hieni,
bih fissirt għommtok meta mbikki rajtek.

Għaliex immela tiċħad, Malti ħija,
lil dan il-Lsien li bih int Malti sewwa?[3]
Ħobb, jekk jiswewlek, l-Ilsna barranija,
iżda le tbarri lil min hu ta' ġewwa.[4]

DELL U DIJA[1]

— Fi ħbub għajnejk, ġo ħarstek
kbira u sabiħa,
għidli xinhu, Poëta,
dak id-dell ħiemed, qisu dell ta' sħaba
sewda li taħbi x-xemx?
Inti mid-dinja
ma tixtieq xejn, għax xejn ma jista' jimla
qalb mixgħula u mikula
min-nar tal-Poëżija.
Xinhu mela, Poëta,
id-dell sewdieni li jistaħba ħiemed
fi ħbub għajnejk?

— Safja minn ġo qalbi ħarġet
il-għanja li għannejt lil Maltin ħuti.
Ġbartha dik il-għanja taħt ix-xemx utieqa
mill-ġonna ħomor bil-lariġ, mill-oqsma
tmewweġ biż-żara' mdieheb,
mill-widien dellija

THE RIGHT OF THE MALTESE LANGUAGE[1]

Why do you spurn the tongue your mother gave you
and waste your heart upon a foreign idiom?
Maltese was the first word you ever uttered
and in Maltese you spoke, a happy infant.

And that first tongue grew up with you, its beauty
was interwoven with all your life's adventures:
in it you expressed your heart when you were happy,
in it you expressed your grief when weeping I saw you.

So why do you disown, my Maltese brother,
the very tongue which makes you Maltese truly?
Love foreign tongues, if they are of service to you,
but drive not out that which is of the home.

SHADOW AND LIGHT[1]

"In the pupils of your eyes, within your gaze
so wide and lovely,
tell me, Poet, what is
that silent shadow, as if it were a black
cloud hiding the sun?
Of this world
you desire nothing, for nothing can satisfy
a heart aflame and consumed
with the fire of Poesy.
What is it then, Poet,
the dark shadow that lurks so silent
in the pupils of your eyes?"

"Pure out of my heart sprang
the song that I sang to my Maltese brothers.
I gathered that song under the steady sun
from gardens red with orange-trees, from fields
waving with golden corn,
from shady valleys

tbajjad u tfewwaħ bir-ranċis; irqomtha
bid-dawl li jilma
f'xuxet it-trabi tagħna,
fid-daħka rżina u fil-għajnejn qawwija
ta' xebbiet smajra kollhom saħħa u ħeġġa.
U jafu l-ljieli siekta
kemm issammajt, bla nifs,
għall-ilħna safja li fil-ħemda jaslu
minn ġol-qiegħ tal-Ħolqien, u kif dawk l-ilħna
qassamt bil-għaqal, u qabbilthom sewwa
mat-taħbita ta' qalbi.
Sawwart hekk il-għanja
Maltija,
u bl-oħla kelma li għallmitni ommi
libbistha, u bħala tfajla rżina
li bdiet taf ix-xbubija
tlaqtha mat-triq ittenni: Sliema! Sliema!
Waqfet xi nies tissamma'
għal dak il-leħen ġdid u xeħtet ħarsa
fuq it-tiżwiq tal-libsa
u fuq il-fawra ħelwa
tal-Għanja li għaddiet minn taħt għajnejhom:
u dik l-Għanja ta' qalbi
semgħet ukoll xi kliem ta' ħajr u barka:
Iżda l-kotra mogħmija
wara x-xeħħa wil-frugħa
saddet widnejha,
ħarsitha dawret,
biex la tisma' u la tara:
għalhekk imriegħxa
il-Għanja reġgħet għandi,
fil-wens tad-dar tistenna
jekk ewwilla jżernaqx jum aktar ħlejju.
Dan il-ħsieb qares, din il-ħarsa kbira
li bħala dell ta' sħaba
jibki fi ħbub għajnejja!

— Għaliex, mela, Poëta,
għadek bl-imħabba li ma tafx il-għeja

white and fragrant with wild narcissi; I adorned it
with the light that gleams
in the tresses of our children,
in the sedate smile and the powerful eyes
of sunburnt maidens vibrant with health and energy.
And the quiet nights know
how long I have listened, breathless,
to the limpid voices that come in the hush
out of the depths of Creation, and how I disposed
those voices wisely, and attuned them truly
to the beat of my heart.
So shaped I the song
of Malta,
and with the sweetest words that my mother taught me
I clothed it, and like a sedate girl
just beginning to bloom into maidenhood
I loosed it upon the street repeating: Peace! Peace!
A few people stopped to listen
to that new voice, and cast a glance
upon the coat of many colours
and upon the sweet upsurge
of the Song that passed under their eyes:
and that Song of my heart
heard also some words of thanks and blessing.
But the multitude blind
after greed and frivolity
stopped up their ears,
turned about their gaze
so as neither to hear nor to see:
therefore offended
the Song returned to me,
waiting in the warmth of the house to see
whether or no a fairer day would ever dawn.
That is the bitter thought, that the great regret
which like the shadow of a cloud
weeps in the pupils of my eyes!"

"Then wherefore, Poet,
do you still, with a love that knows not weariness,

tgħarrex u tifli fil-ħolqien u tisma'
it-taħbita tal-ħajja,
u tgħanni
u meta tgħanni
tidher bħal dija f'dak id-dell sewdieni
ta' ħbub għajnejk li donnha bint il-ħena?
Xinhu qatt li jferrħek,
Poëta?

Mhux minn jeddu l-Poëta
jgħanni. Hemm xrara li xi drabi tikbes,
u meta tikbes tixgħel
u meta tixgħel taħkem
u tħaddan lill-Poëta u donnha tbusu
u tgħidlu kliem li ħadd għajru ma jifhem.
Kif tinġabar fi żġieġa
tax-xemx id-dija u fejn tinġabar taħraq,
hekk xi daqqiet jinġabar
il-ġmiel imxerred fil-ħolqien imżewwaq
ġewwa l-ħsieb tal-Poëta,
u taħt ix-xbieha ċkejkna
ta' kollox, tixgħel dik ix-xrara u toħroġ,
ħolma tas-sema, l-Għanja tal-Poëta.
Meta jgħanni
il-Poëta jintilef
f'saltna ta' sebħ li mhux ta'din id-dinja.
Dehriet li ż-Żmien u l-Wisa'
iżommu moħbijin mill-għajnejn l-oħra
jiżfnu quddiemu
imlibbsin bil-qawsalla.
Għall-Poëta m'hemmx ħabi f'dik is-siegħa:
iqiegħed
idu miftuħa
fuq il-qalb tal-Ħolqien u jħossha tħabbat;
iħoss għaddejja tiġri
u sserrep kullimkien tal-ħajja l-mewġa,
u fil-ħajja
li titnissel, titwettaq, tmut, tiġġedded,
ħsiebu jidħol u jgħarrex

peep and pry into creation, and listen
to the beat of life,
and sing,
and when you sing
why does a light seem to shine in that dark shadow
of the pupils of your eyes, a light as of joy?
What is it ever that rejoices you,
Poet?"

Not of his own will the Poet
sings. There is a spark that sometimes kindles,
and when it kindles inflames
and when it inflames possesses
and embraces the Poet, as if kissing him
and telling him words that none but he understands.
As in a glass is gathered
the sun's radiance, and where it is gathered it burns,
so for a few moments is gathered
the variegated beauty scattered through creation
within the thought of the Poet,
and under the tiny likeness
of the whole, that spark flames and comes forth,
a dream of heaven, the Song of the Poet.
When he sings,
the Poet is lost
in a kingdom of dawn that is not of this world.
Visions that Time and Space
keep hidden from other eyes
dance before him
arrayed in a rainbow.
To the Poet nothing is hidden in that hour:
he places
his open hand
on the heart of Creation and feels it beating;
he perceives passing, running
and snaking everywhere, the billow of life,
and into life
which is born, waxes strong, dies, is renewed,
his thought enters and pries

u jara wiċċ-imb-wiċċ is-Sebħ ta' dejjem.
Id-dawl ta' dak is-Sebħ iżiġġ bħal leħħa
ta' berqa f'nofs is-sħaba
li ddellel il-għajnejn ta' dak l-Imsaħħar,
u f'dak il-ħin iġarrab
il-hena ta' bla tarf li hu Poëta.

HERBA[1]

Hemm, fejn iż-żerq tas-sema jbus il-ħdura
li tlibbes il-għoljiet ta' Għajn Tuffieħa,
hemm għadhom is-sisien li juru s-sura
li kellha darba dik id-Dar sabiħa:

għadu hemm il-mużajk li id għajjura
għaddiet b'difrejha, kif is-sengħa lħiħa
kienet titlob ta' Ruma; iżda miġbura
f'daħla mwarrba l-kusien ta' l-oħla fwieħa,

u l-Penati, il-kolonni, il-palm fil-qsari,
għaxqa waħdiena ta' xi Sidt kburija
minn dawk li Ruma kienet tnissel dari,

ma għadhomx hemm: għebet il-mara u ġidha:
bil-qiegħda fuq il-ħerba mistoħbija
tidħak il-Mewt bl-arloġġ u l-minġel f'idha.

LIS-SILLA[1]

Tisbaħ filgħodu wiċċek lejn id-dija
tax-xemx li tbusek bl-oħla bewsa tagħha:
hi togħla fis-smewwiet, kif imdorrija,
int ħelu tqum fuq qaddek[2] u ddur magħha,

u tibqa' sejra hekk sa filgħaxija,
għax donnok taf li minnha biss is-saħħa;
tmur torqod, xħin hi tgħib, iżda bikrija
tarġa' tqum maż-żerniq sabiex tilqagħha.

and sees face to face the Eternal Dawn.
The light of that Dawn darts like a flash
of lightning amidst the cloud
overshadowing the eyes of that enchanted one,
and in that moment he experiences
the infinite joy that he is a Poet.

THE ROMAN VILLA[1]

There, where the blue of heaven kisses the verdure
That wraps as a cloak the heights of Għajn Tuffieħa,
There still the foundations stand, showing the pattern
That once on a time informed that stately mansion:

There show the mosaics, which a jealous hand
Laid with skilled fingers, as the exacting art
Of Rome demanded; but collected together
In some dark recess, jars of the sweetest perfume,

And the Penates, the pillars, the palms in flowerpots,
The solitary delight of some proud lady
Of those begotten by Rome so long ago,

No longer are here: the woman and her wealth vanished:
And sitting supreme over the ruins hidden
Death laughs, with an hour-glass and sickle in his hands.

TO THE CLOVER[1]

At dawn you turn your face towards the radiance
Of the sun, that bestows on you her sweetest kiss:
She soars high in the heavens, as is her wont,
While you stand bold on your stem and turn round with her.

So you go on turning even till nightfall
As if you know that only from her comes strength;
You go to slumber when she sinks, but right early
Rise again with the daybreak so as to greet her.

61

Ja siġra tajba ta' dil-gżira tagħna,
għallimni nħares lejn ix-Xemx Ħanina
li bid-dawl tagħha biss ruħi tistagħna;

biex, kif minn qalbek taħt ix-xemx titrabba
il-warda ħamra, hekk, ta' ħajti żina,
toħroġ minn qalbi l-warda ta' l-imħabba.

ĠUNJU

Mis-sema safi x-xemx tisreġ qawwija
Fuq id-djar, fuq ir-raba'; il-fewġa sħuna
Ġa bdiet tħabbarna li ma ddumx ma tikwi
        L-art taħt riġlejna.

Il-ward li ħeġġeġ bil-miljuni f'Mejju
Beda jħeff u jiċkien: u bil-qasbija
Isewdu l-ħbula li ftit ilu kienu
        Bis-silla jħammru.

Iżda bħal baħar lewn id-deh'b imewweġ
Il-qamħ li beda jsir u jimla sewwa:
Dalwaqt il-ħsad; dalwaqt jirtabtu l-bhejjem
        Għal fuq il-qiegħa.

Ja Ġunju, int sabiħ! għax inti twettaq
It-tama ta' min jaħrat u fik jaħseb:
Int trodd bil-kotra l-ftit lil-bidwi jitfa'
        Bejn radda u oħra.

Għalhekk hi hienja l-għanja ta' min jidres,
Għalkemm ix-xemx iddoqq fuqu bla ħniena;
Għalhekk ferħan bil-midra f'idu jderri
        F'daqsxejn ta' żiffa.

Warajk il-għorma tfur bit-tgħam imdieheb,
Warajk il-mitħna ddur u d-dqieq ibajjad,
Warajk il-benna minn tal-ħobż li jxoqqlok
        Qalbek[1] bi fwieħtu.

Goodly herb that grows strong in our island,
Teach me to look towards the Kindly Sun
By whose light alone my spirit is enriched;

That as from your heart the crimson flower is reared
Under the sun, so, to adorn my life,
Out of my heart may issue the flower of love.

JUNE

Out of the clear sky the sun burns strongly
Over the houses, the fields; the torrid breeze
Already informs us the earth will soon be roasting
    Underneath our feet.

The flowers that flamed in May in their millions
Have begun to lessen and shrink: and in the stubble
The stalks are blackening that but a little ago
    Were red with clover.

But like an ocean the colour of gold now billows
The corn already begun to wax to fullness:
Soon is the harvest; soon the beasts are tethered
    On the threshing-floor.

How beautiful you are, June! for you confirm
The hopes of him who ploughed, thinking of you:
You repay in abundance the little the farmer scattered
    Between furrow and furrow.

Therefore blithe is the song of him who is threshing,
For all that the sun beats upon him unmercifully;
Therefore happy, winnowing-shovel in hand, he winnows
    In a capful of wind.

After you the heap of golden sustenance mounts up,
After you the mill goes round, the corn is whitened,
After you the rich savour of the bread cuts through
    The heart with its odour.

ĠUNJU

Jekk inti tferrħu, xejn ma jgħodd li kiesaħ
Jersaq fuqu Jannar bil-bard u x-xita:
Fid-dar kennija dwar il-mejda, dejjem
        Hieni jinġabar.

UNIVERS IEHOR

Sema ieħor ma tafx għajr il-wiċċ t'ommha
Dejjem safi bla nikta ta' ħajbura,
Anqas xemx oħra ħlief tbissimet fommha
Li tieħu ta' kull dawl il-lewn u s-sura.

Kwiekeb tnejn biss, u hemm ħarsitha żżommha
Meta f'ħoġorha tqiegħdha l-omm għajjura;
U waqt li l-għonq taqbdilha jew il-komma,
Tiġbed minn sider bnin l-ogħna matmura.

Tar-regħba tal-bnedmin m'għandha ebda ħabar,
Anqas taf kif id-dmugħ minnhom jinxtara;
'L ommha biss taf, hemm l-univers jinġabar.

U minn dak l-univers ta' tjieba u dija
Li jiddi ħelu fuq il-wiċċ ta' mara
Alla jixref u jidħak lit-tarbija.

XEMGHA

Hawn qiegħda tixgħel, waħdek,
Fuq l-artal tal-Madonna, o xemgħa ċkejkna.
Kollox sikta ma' dwarek,
U l-ilsien tan-nar li tagħmel
Ma jitħarrekx.
Hawn qiegħda tixgħel, waħdek;
Imm'Inti taf il-ġonna,
Taf ix-xemx tiddi fuq il-ħxejjex niedja
Fiż-żerniq ta' filgħodu,

If you rejoice him, he counts as nothing that chilly
January approaches with the cold and the rain:
Sheltered in his home, about the table, always he
Is gathered contented.

ANOTHER WORLD

No other heaven she knows but her mother's face
Serene forever, without a trace of a cloud,
No other sun she knows but her mother's smile
That takes the colour and shape of every light.

Only two stars, and there she fixes her gaze
While the jealous mother enfolds her in her lap;
And as she plucks at her neck or at her sleeve
She draws the richest nourishment from her sweet breast.

She hears no rumour of the greed of men,
She has no knowledge of the tears they buy;
Only her mother she knows, her world complete.

And from the universe of goodness and light
Which shines in sweetness upon a woman's face
God leans down, and smiles upon the babe.

THE CANDLE

Here you stand all alone, burning
Over Our Lady's altar, little candle.
Everything is silence all about you,
And the tongue of fire you are shooting
Stirs not at all.
Here you stand all alone, burning;
But You know the gardens,
You know the sun shining on the dewy grasses
In the dawn of the day,

U taf is-sirġa taħraq
Ta' nofs in-nhar,
Taf l-ilma safi, l-fewġa friska, l-fwieħa
Taż-żahar tal-lariṅġ, tal-ward, tas-sagħtar;
U tiftakar in-naħal
Bieżel iżanżan f'dik il-festa ħelwa
Ta' dawl, ta' ġmiel, ta' għana u ħajja ġdida.
Hawn issa qiegħda, waħdek,
Tixgħel, iddub, tintemm
Bħal qalb maħruqa minn imħabba kbira . . .
Iżd'inti ġejt bi bxara;
U l-lsien tan-nar li tagħmel
Itenni kelma lil din l-Omm sabiħa:
"Mill-qalb tal-ġonna, tal-widien, tar-raba',
Is-sliem, l-imħabba, l-qima."

KEWKBET IS-SAFAR[1]

Int biss ma titħarrekx; u kull fl-għaxija
fil-jiem li naħrab ta' l-ibliet is-sħana,
minn sema safi, ibajjad bl-oħla dija,
tidhirli tlebleb fuq it-tramuntana;

u waqt li ħutek, b'sengħa mingħajr ħtija,
jiżfnu ma' dwarek bħal xbejbiet ferħana,
inti bil-qiegħda, qisek omm għaqlija,
taħkem iż-żifna b'ħarsa ta' sultana.

Int biss ma titħarrekx, kewkba sabiħa,
biex it-triqat tal-baħar lill-qalbiena
turi fix-xorti tajba u fil-ħażina.

Oh! jekk għożża ta' wlied u sedqa sħiħa
mexxew raġel lejn art fejn ma sabx ħniena
int arġa' wasslu d-dar, kewkba ħanina.

And You know the blaze of the hot sun
At the noonday,
You know the clear water, the cool breeze, the perfume
Of orange-blossom, of rose, of thyme;
And You remember the bees
Busily buzzing about the beautiful banquet
Of light, of beauty, of song and new life.
Here, now, you stand all alone
Burning, melting, consuming
Like a heart flaming with a great passion...
But you have brought good tidings;
And the tongue of fire you are shooting
Keeps repeating to that Mother most lovely:
"From the heart of the gardens, the valleys, the fields
Peace, adoration, love."

THE POLE STAR[1]

You only are unmoving; and each night,
On days when I flee from the furnace of the towns,
Out of a clear sky, washed in sweetest light,
There to the north I see you flickering;

And while your sisters, with unerring art,
Like happy maidens all around you dance,
You, like a prudent mother, sit aloft
And with a queenly glance the dance control.

You only are unmoving, star most fair,
To guide brave mariners along the ways
Of the vast deep in fortune good and ill.

If love of children and true loyalty
Have driven a father to some pitiless shore,
Ah, bring him safely home, compassionate star.

IL-ĠERREJJA U JIEN[1]

Kif ħammret fuq il-baħar
f'rogħda ferrieħa taż-żerniq id-dija,
u ż-żiffa ta' filgħodu
qajmet is-siġar ta' ġnejniet moħbija,

rajtek, Dgħajsa ħafifa,
tifrex il-qlugħ għal majistral sabiħ,
u, ħelu, taqbad triqtek,
taħt ir-rażan tat-tmun, għal xejrt ir-riħ,[2]

u bħal tfajla qalbiena
li ġarrbet l-ewwel darba l-ħajr tal-mewġa,
tmil fuq ġenbek,[3] u ċċafċaf,
u ssieħeb leħnek mat-tvenvin tal-fewġa.

Meta bjadet u saħnet
ix-xemx u qajla demm baqa' ma' dwarek,
rajtek bejn ikħal u ikħal
taqsam 'il barra u xejn ma taħseb f'darek.

Issa haw' qiegħda, fil-qala,
bla qlugħ, titbandal fuq il-mewġ lubien,
għaliex max-xemx li niżlet
raqdet iż-żiffa u ħajr ma baqa' mkien:

Dal-waqt mal-ħwejjeġ l-oħra,
fi star bla lewn titkebbeb, ja Ġerrejja;
dal-waqt ma narak iżjed,
għax jisirqek il-lejl minn ħbub għajnejja.

Hekk jiena. Meta kbira
ix-xemx tal-ħajja ħammret fuq tfuliti,
u taħt fewġa bikrija
ħaddru t-tamiet fil-ġonna ta' żgħużiti,

jiena wkoll ta' setgħeti
frixt il-qlugħ kollha u qbadt it-tmun bir-rieda
u fuq il-mewġ ta' żmieni
qtajt 'il barra qatigħ.[4] Ġarrabt il-ġlieda

THE DRIFTER AND I[1]

When crimson over the sea
trembled joyous the radiance of dawn
and the breeze of daybreak
awoke the trees in hidden gardens,

I saw you, nimble skiff,
spreading your sails to the fair mistral
and gently taking your way
under the rein of the helm, in the wake of the wind,

and like an adventurous child
trying for the first time the waves' delight,
leaning on your side, and lapping,
attuning your voice to the whistle of the breeze.

When the sun whitened and burned
hot, and but little shade rested about you,
I saw you betwixt blue and blue
cleaving far out, thinking never of home.

Here now, motionless in harbour,
without sails, you toss on the lazy waves,
for with the setting of the sun
the breeze slept, and all happiness vanished.

Soon with the other things
in a colourless veil you are shrouded, Drifter;
soon I see you no more,
for night filches you from the pupils of my eyes.

Even so am I. When huge
the sun of Life crimsoned over my childhood,
and under an early breeze
green grew the hopes in the garden of my youth,

I too spread wide the sails
of all my powers, and seized the helm of my will
and over the waves of my time
voyaged far out. I struggled and battled

mal-ħalel u mar-rwiefen,
u darbtejn rajt il-mewt b'daħka waħxija
issejjaħli taħt l-ilma:
iżda l-ħila u d-deħ'n ma naqsux fija,

għaliex id-dgħajsa tiegħi
kellha ġenbejha sħaħ u qlugħ tajbin,
u t-tmun iwieġeb ħelu
għal kull xejra ta' ħsieb. Sigħat henjin

għaddejt fix-xemx sabiħa
ta' wara nofs in-nhar, meta t-taqliba
tal-baħar abjad siktet,
u reġgħet timla l-qlugħ fewġa ħabiba.

Hawn issa t-tnejn nitbandlu
qegħdin fil-qâla jien u d-dgħajsa tiegħi,
għaliex iż-żiffa raqdet,
u x-xemx ta' nofs in-nhar ma għadhiex miegħi:

niżlet, u biss xi ħmura
għadha titnikker fietla fuq l-għoljiet...
dal-waqt jinsatar kollox
fid-dlam tal-lejl...u jkun sultan is-skiet.

XENQET IR-RABA'

Iftħuli dawn is-swar ħa noħroġ barra
Fix-xemx, qalb il-għana ta' l-agħsafar, fl-ajru
Mimli bis-saħħa, ifuħ b' riħet il-plejju
                    B' riħet is-sagħtar;

Ma rridx niddellel iżjed f'dawn it-toroq
Li minnhom tidher terħa kaħla s-sema;
Taħt riġlejja ma rridx qatran u żonqor
                    Iebes bla ħniena.

Ma rridx nara l-uċuħ imqarrsa, mbergħna
Ta' nies imdejqa li jitħaddtu wħudhom,
Jew nies għażżiena li titlajja u taħseb
                    Kif tgħallet 'l għajrha.

with billows and whirlwinds,
and twice I saw Death with her obscene grin
beckoning me under the waves:
but courage and reason did not fail me,

because this skiff of mine
had strong timbers and excellent sails,
and the helm answered well
every current of thought. Happy hours

I passed in the lovely sun
of the afternoon, when the commotion
of the white sea ceased,
and a friendly breeze once more filled the sails.

Here now we two are tossing
motionless in harbour, I and this skiff of mine,
because the breeze sleeps
and the sun of noonday is no more with me:

it has sunk, and only a glow
still lingers faintly above the hills...
soon everything is shrouded
in the darkness of night...silence reigns supreme.

COUNTRY YEARNING

Open those walls for me, that I may go forth from them
Into the sun, amid the song of the birds, in the air
Healthful, redolent with the scent of pennyroyal,
            The scent of sweet thyme;

I would not tarry longer in the shade of those city-streets
From which the blue of heaven appears but like a sash;
I would not tread under my feet pitch and limestone
            Hard and pitiless.

I would not look upon the soured, lowering faces
Of angry men who mutter to themselves, or
Slothful men loitering, plotting all the while how
            To cheat their fellows.

Anqas nara ma rrid xebbiet żinżilli
Wiċċhom bħal karta u lewn in-nar xofftejhom,
Mingħajr satra fil-lbies, ixerrdu qalbhom
      F'imħabba fiergħa:

Irrid taħt riġli nħoss ir-rtuba ħelwa
Tal-ħaxix niedi, u nara fuqi l-beraħ
Tas-sema safi, u nisma' qalb is-siġar
      Tħaxwex il-fewġa.

Irrid nara d-dirgħajn somor, godlija
Ta' rġiel li taħdem u fil-ħidma tgħanni,
Uċuh daħkana li minn fommhom toħroġ
      Għaslija l-kelma,

Il-kelma safja li minn qalbhom taqbeż
Kif l-ilma jfawwar minn ġo blata samma,
Il-kelma bnina li għallmithom ommhom,
      Nieżla mill-qedem;

Irrid nara xebbiet xuxthom mikxufa
Jew safra daqs id-deh'b jew sewda tuta,
Ħarsithom berqa, kull ma fihom saħħa,
      U bla ma jafu

Ħenjin; qawwija fi mħabbithom siekta,
Il-mixi rżin għalkemm ġenbejhom jaqbżu
Ma' kull medda ta' riġel, u sidirhom
      Jiżfen mal-mixja.

Irrid nisma' lix-xjuħ ta' tmenin sena
Jitħaddtu bla ma jgergru u mingħajr biża'
Tal-mewt li fuqhom bħal ħabiba tersaq,
      Itennu l-ġrajja

Ta' żmienhom li jiftakru waħda f'waħda,
U nilmaħ għaddejjin fuq wiċċhom, qisu
Fuq mera, l-ferħ, il-hemm, il-biża', t-tama
      Li ntisġu magħhom.

Irrid dar ċkejkna li fuq ġbinha tisreġ
Ix-xemx ta' nofs in-nhar, imżejna bl-aħdar
Tad-dwieli u tal-laring', nadifa u bajda
      Bl-insiġ tar-raħal.

I would not look upon the frivolous maidens
With faces like sheets, lips the colour of fire,
Their dress immodest, dissipating their hearts on
    Empty affection:

I want to feel beneath my feet the sweet freshness
Of the dewy grass, and to see above me the void
Of the clear sky, and to hear the breeze whispering
    Among the branches.

I want to look upon the arms brown and sinewy
Of men who labour and at their labour sing,
Laughing faces, and from their lips issuing
    Words sweet as honey,

Those pure words that leap out of their hearts
Like water gushing forth from a granite rock,
Words of savour that their mothers taught them
    Come down the ages.

I want to see maidens with uncovered tresses
Burnished as gold, or black as the berry,
Flashing their eyes, radiant with health, and
    Without their knowing,

Happy, strong in their quiet affection,
Sober their gait, though their flanks are leaping
With every stretch of their legs, and their breasts
    Dance as they stride.

I want to hear the old men of eighty years
Talk on without ever a grumble, without fear of
Death that approaches like a friend upon them,
    Repeating the happenings

Of their times that they remember one by one,
And to glimpse passing over their faces, as in a
Mirror, happiness, sorrow, fear, hopefulness
    All woven into them.

I want a little house upon whose brow burns
The sun at noontide, ornamented with the green
Of vine and orange-tree, clean and white with
    The country linen.

U hemm nixtieq immut, minn hemm tittajjar
Aktar ħafifa qalbi lejn is-sema;
Aktar ħieles hemmhekk jinġabar ħsiebi
    Fil-ħniena t'Alla.

NOFS IL-LEJL SAJFI

Ħiemed il-qamar jiddi
fuq id-djar ħiemda: taħt id-dija bajda
jaqta' l-iswed tat-twieqi
miftuħa beraħ jew imbexxqa. Tisma'
fil-bogħ'd fil bogħ'd^1 jinbaħ xi kelb għassiesi
u fi ġnejna biswitek
tisma' jħaxwex u jiġri
xi ġurdien illi tgħallem minn ġrajjietu
li d-dlam ħabibu. Bla ma tagħraf sewwa
jekk minn hawn jew minn hinn tasal imqassma,
it-twerżiqa ta' grillu
illi twennes u traqqad: fuq ir-raħal
tmewweġ u tidwi, kwarta wara kwarta,
ta' l-arloġġ it-twissija. Ikħal bajdani
donnu liżar irqiq jinfirex niedi
l-ajru fuq kollox.

ALLA MHUX HEKK

Ħaseb fit-tul u tafa' għaqlu kollu
Pittur magħruf biex jixħet fuq it-tila
il-ħsieb li kellu f'moħħu.
Seraq il-lwien mill-warda,
mill-vjola, mill-lelluxa,
u ħelu ħelu
taħt il-pinzell it-tila mtliet bid-dija,
u hemm dehret ix-xemx ħamra tittawwal
minn bejn is-sħab tad-deh'b, minn bejn ix-xuxa
ħadra tas-siġar, u fuq l-ilma ġieri
tefgħet bħal għabra ta' rubini u ġawhar.

74

And there I wish to die: from thence my heart
Shall soar more swiftly unto heaven;
There more serenely will my thoughts be concentrated
On God's compassion.

SUMMER MIDNIGHT

Tranquil the moon is shining
over the tranquil houses: under the white radiance
cuts the black of the windows
open to the skies or half-yawning. You can hear
far off in the distance a watchdog barking
and in a nearby garden
you hear the rustle and scurry
of rats that have learned from long experience
that darkness is their friend. Without knowing precisely
whether from here or from there, comes in partsong
the shrilling of crickets
befriending and lulling to sleep: over the village
billows and echoes, quarter after quarter,
the clock's admonition. Silvery azure
like a fine linen sheet outspread, dewy
the air covers all.

GOD IS NOT THUS

He meditated long, the famous painter,
and marshalled all his mind, to fling on the canvas
the thought that was in his brain.
He stole colours from the rose,
the violet, the marigold,
and softly, softly
under his brush the canvas was filled with radiance,
and there appeared the crimson sun, peeping
between the clouds of gold, between the green
tresses of the trees, and over the running water
scattered, a dust of rubies and pearls.

75

In-nies ratu w istagħġbet:
għaddew is-snin u hemm għadha tinġabar
in-nies biex tara u tifli
kif ġiet il-ħajja b'dik id-daħka tagħha
minn daqsxejn ta'pinzell fuq tila smajra.

Kien qrib inżul ix-xemx, u mill-quċċata
tal-Wardija ħarist ħarsa ma' dwari.
Kien hemm fis-sema sajfi
bħal raxx irqiq jittajjar
ta' deħ'b maħlul u ta' topazi mfarrka,
u djar u raba' u siġar
kollox imħeġġeġ taħt il-bewsa ħamra
tax-xemx kbira u ħanina:
Fuq il-baħar
f'rogħda ta' ferħ u mħabba
mifruxa triq sa fejn twassal il-ħarsa
miżgħuda b'ward tan-nar jilgħab mal-fewġa...
Saħħritni d-dehra!
dehra maħruba li minn ħin għal ieħor
tidbiddel taħt għajnejk u tgħaddi ħiemda
minn lewn għal lewn, minn ġmiel għal ġmiel, minn sura
għal sura, u dejjem ħelwa
li tgħaxxqek, tisirqek, iżżommok
hemmhekk imsaħħar, sa ma tfur minn qalbek
mewġet il-hena fi tbissima u leħen.

U ħsibt: Oh kemm hu ċkejken
il-kobor tal-bnedmin, u kemm hi fqira
is-sengħa ta' min jaf iħalli ħsiebu
maħżuż fuq xiber xkora!
Ngħożżu tajjeb it-tila
fejn ta' pittur il-għaqal
xeħet il-qawwa ta' senegħtu kollha
biex pinġa nżul ta' xemx li qatt ma tinżel;
ngħożżuha tajjeb,
għax jekk iż-żmien itemmha,
ma nafux jekk iż-żmien jagħtiniex oħra:
Alla mhux hekk: minn dawk l-egħġubijiet
jagħmel mija kull jum u mija jħassar.

The people saw it and marvelled:
the years passed, and even yet the people
gather to see and study
how that life came with its own laughter
out of a little brush on a buff canvas.

It was near to sunset, and from the summit
of il-Wardija I gazed all about me.
There was in the summer sky
filling the air a fine spray
of liquid gold and powdered topaz,
and houses and fields and trees
all burning under the crimson kiss
of the great, compassionate sun:
over the sea
in a tremor of joy and love
spread out a pathway as far as the eye could reach
swarming with flowers of fire playing in the breeze...
The vista enchanted me,
a vista fugitive from one moment to the next
changing under your eyes and passing quietly
from hue to hue, from charm to charm, from contour
to contour, and always sweetness
delightful, ravishing, holding you
there enchanted, until out of your heart welled
a wave of joy into a smile, a voice.

And I thought: How infinitesimal
is the grandeur of man, how impoverished
the art of him who knows to release his thoughts
traced on a foot of sacking!
We prize dearly the canvas
where the mind of the painter
flung the power of all his art
to paint a setting sun that shall never set;
we prize it dearly,
for if time should destroy it
we know not if time will give us another:
God is not thus: a hundred of such wonders
He performs every day, and a hundred cancels.

WARD[1]

Oh poëma tal-ġonna!
Oh ward! Oh nwar l-imħabba!
Oh kliem safi li tfawwar minn ġol-qalba
ta' l-Art ħanina,
nisel tajjeb
ta' ġmiel, ta' lewn, ta' ħajja;
turija ta' ħlewwa,
għajn ta' fwieħa,
nisġa ta' safa, ta' saħħa, ta' benna,
deh! kif titfi quddiemek
il-għanja ħarxa li toħroġ minn fommna!
Kif tmut il-poëżija
tagħna magħsura minn ġo qlub imnikkta
u bħal weraq niexef
imxerrda 'l hawn u 'l hinn fil-kotba morda!
Oh li kont naf is-sengħa
li taħdimlek il-versi,
li żżewwaqlek in-nisġa ta' l-istrofi,
oh poëma tal-ġonna!

MILIED U MISSJONI

Meta sar l-għaġeb, f'għar minn tal-Lhudija,
li xebba ħelset iben li kien Alla,
f'nofs ta' lejl is-smewwiet xegħlu bid-dija,
u l-anġli nfirxu f'sura ta' qawsalla.

Meta waslet is-siegħa tal-kefrija
— għaliex kliem il-profeti qatt ma falla —
ratu Ġerusalemm lil bin Marija
f'dalma li twaħħax fuq salib imtalla'.

Iżda rebaħ; u 'l dawk li kienu miegħu
bagħthom mad-dinja mimlijin bil-qawwa
iħabbru l-ferħ tat-tieni twelid tiegħu:

ROSES[1]

Poem of the gardens!
O roses! O blossoms of love!
O limpid words overflowing from the heart
Of the kindly Earth,
Goodly offspring
Of beauty, of colour, of life;
Epiphany of sweetness,
Fountain of fragrance,
Weaving of brightness, of strength, of savour,
Ah! how you extinguish before you
The rough song issuing out of our mouths!
How dies this poetry
Of ours expressed from sorrowful hearts
And like dry leaves
Scattered hither and thither in sickly books!
Ah, if I knew but the art
That fashions for you the verses,
That weaves for you the many-coloured strophes,
Poem of the gardens!

CHRISTMAS AND MISSIONS

When in a cave of Judea the miracle
Was wrought—a virgin bore a son who was God,
At midnight all the heavens flamed with light
And angels like a rainbow hung in the sky.

When the dread hour of savagery struck—
Because the words of the prophets were never false—
Jerusalem in awful darkness saw
The Son of Mary lifted on a cross.

But He was victor; and those who were with Him
He sent forth into the world fulfilled with power
To carry the Gospel of His second birth.

u marru l-Mibgħutin f'Atene u Ruma,
u raġa' twieled Kristu, u fuq id-drawwa
għadu jitwieled kull fejn jersqu huma.

L-ARLOĠĠ

Imqiegħed bħal għassa
Fit-tokk minn tad-dar,
In-ngħas bik ma jagħmel
La lejl u la nhar.

Ittektek u sejjer
Maż-żmien illi jtir:
Ma targa' qatt lura
Isir dak li jsir.

Turini l-ħin t'issa
Bi vleġġa milqut,
U l-ħabar iddoqqli
Kull siegħa li tmut.

La tgħaġġel fin-niket,
La tieqaf fil-ferħ,
Tektika waħda għandek
Fil-ħidma u fis-serħ.

Nistħajlek trid tgħidli
Li kollox mhu xejn,
Jekk frugħa li tlellex,
Jekk dmugħ fil-għajnejn;

U l-ħajja tal-bniedem
Sew hena sew hemm
Bħal xemgħa li tixgħel
Iddub u tintemm

Għalhekk inti qalbi
Timlieli bis-swied;
Fil-milja tal-ħajja
Tfakkarni fl-imwiet.

Arloġġ aħjar minnek
Ix-xemx ta' kuljum:
Bil-lejl torqod magħna,
Bi nhar magħna tqum.

And the Apostles preached in Athens and Rome,
And Christ was born again, and in like wise
Christ is reborn wherever they draw nigh.

THE CLOCK

Stationed like a sentinel
In the hall of the house,
Sleep never overcomes you
Whether by night or day.

Tick-tocking you travel
With time as it flies,
Never return in your tracks
Whatever may betide.

You show me the time—now—
Transpierced by an arrow
And beat out the news to me
Every hour that dies.

You hurry not in sorrow,
You halt not in joy,
Tick-tock you go on the same
In toil and repose.

Methinks you would tell me
That all things are naught,
Whether it be glittering vanity
Or tears in the eyes;

And that the life of man,
Be it happy or sad,
Is as a candle that flames up,
Melts, and is consumed.

Therefore you fill my heart
Ever with melancholy;
In the fullness of life
You remind me of death.

A clock better than you
Is the everyday sun:
By night it sleeps with us,
Rises with us by day.

Tgħallimni li wara
Il-ħidma hemm is-serħ,
Id-dawl wara d-dalma,
Man-niket il-ferħ.

Tħabbarli xemx isbaħ
Li tiddi bla tmiem,
Fejn kollox hu issa,
Mhemmx lura u quddiem.

Oh x' tama! Mhux kollni
Nintemm ġewwa t-trab;
'L hinn iżjed mill-qabar
Ħajja oħra tinsab.

WIED QIRDA[1]

Meta ninżel hawnhekk fil-waqt li ħamra
ix-xemx tistaħba wara l-Fuqqanija,[2]
u nara d-djar u 'l fuq mid-djar xi tamra
isewdu fuq il-ward ta' dik id-dija;

fil-waqt li f'qalb li tħobb tixgħel bħal ġamra
ix-xewqa tal-mistrieħ ġo dar kennija,
u l-aħħar xbejba, li x-xemx għamlet samra,
titla' b'xi midra jew b'xi luħ mgħobbija;

nisma' ġol-fraxxnu u ġol-ħarrub tal-plajja
bħal karba twila ta' min q'għed ibati
u jigdem l-art fl-uġigħ ta' l-aħħar firda;

u ħsiebi jarġa' lura lejn il-ġrajja
ta' min għalina kien bil-bosta ħati,
u nħoss għaddejja l-Mewt minn fuq Wied Qirda.

LILL-KANARIN TIEGHI[1]

X'kien li laqqagħna f'din id-dar hekk ħiemda
Inti forsi ma tafx, għasfur lelluxi;
U anqas taf il-għaliex, meta jien noħroġ

The sun teaches me that after
Toil there is repose,
Light following darkness,
Out of sorrow joy:

                    Tells me of another sun
                    That shines eternally,
                    Where all is now,
                    No after or before.

Ah, what hope! Not all of me
Is finished in the dust;
There, far beyond the tomb
Another life awaits.

WIED QIRDA[1]

As I descend here, at the time when crimson
The sun is hidden behind il-Fuqqanija,[2]
And I see the houses, and over the houses palm-trees
Black over the roses of that effulgence;

When in a loving heart flames like a burning cinder
The yearning to find repose in a sheltered cottage,
And the last sun-brown maiden comes climbing
Laden with a spade or a winnowing-shovel;

In the plain, amid the ash-trees and the carobs,
I hear as it were the long sigh of one in anguish
Biting the earth in the agony of the last parting;

And my thoughts go back towards the history
Of those who committed many crimes against us,
And I feel Death passing over Wied Qirda.

TO MY CANARY[1]

What brought us together in this so silent house
You perchance do not know, O golden bird;
Neither do you know why, when I go out

83

Għax-xogħ'l fil-għodu, il-bieb niġbed warajja²
U bil-moftieħ insakkru, u l-ebda mixi
U l-ebda nifs ma tisma', qabel narġa'
Indawwar il-moftieħ u nidħol jiena.
Aħjar għalik ma tafx: hekk ebda sehem
F'għommti ma tieħu, u bejn il-jiem u l-ljieli
Tgħaddi bla niket xejn il-ħajja tiegħek.

Kif jibda jroxx id-dawl narak tistenbaħ,
Għasfur lewn il-lellux, u ċ-ċkejkna rasek
Toħroġ minn taħt il-ġewnaħ fejn tkebbibha
Awl-il-lejl, meta x-xemx tinżel u int tiskot
U tithejja biex torqod; dlonk tmedd riġlek
Fuq il-qasba ħdejn l-ieħor u titfarfar,
Tinżel tnaqqar xi qanba u fis il-ħlewwa
Ta' leħnek tibda ddoqq ġewwa widnejja
Li kull ma tmur titqawwa. Iżżiġġ u taqbeż
Bejn għanja u oħra u mal-ħadid li jagħ'lqek
Taqbad bir-rqaq difrejk, u terħi u tarġa'
Għal fuq il-qasba bla ma tehda; u l-ħeffa
Ta' riġlejk u ġwenħajk, il-ħarsa, il-għanja
Juru li kull ma fik hu hena u saħħa.
Bi ħlewwa li ma bħalha tħares lejja
Meta nersaq biex nagħ'lfek. Int tagħrafni,
Nifhmu wisq tajjeb; u għalhekk taħmilni,
Bla ma titnaffar xejn, niftaħ il-bieba
Tal-qafas tiegħek u l-kejliet inneħħi
Ta' l-ikel u tax-xorb biex nimlihomlok;
U b'għajta sħiħa donnok trid tiżżini
Xi ħajr talli ħsibt fik, tarġa' tilqagħni
Meta nagħlaq il-bieba u narġa' ndendlek
F'dik in-naħa tad-dar fejn bard ma jaħqrek
U ftit tax-xemx iżżurek. Għal xejn nersaq
Xi drabi ħiemed fuq subgħajn riġlejja
Biex naqbdek rieqed jew għażżien: minn tlugħek
Ja xemx, sa nżulek, l-ebda serħ u l-ebda
Għeja ma tagħmel bik. Xi ġmiel ta' ħajja
Tgħix bla ma taħseb xi jkun għada u liema
Għilt u ġlied q'għed isir barra minn darek!

To my work in the morning, I close the door after me
And lock it with a key, and never a footstep,
Never a breath you hear till once again
I turn the key in the lock, and enter the room.
Better it is that you know not; thus no share
You take in my sorrow, and between days and nights
You pass your life without any grief at all.

At the first sprinkle of the light I see you wake,
Bird golden as the ox-eye, and your little head
You put out from under your wings, where you roll it up
Last evening when the sun goes down and, silent,
You make yourself ready for sleep; you stretch your legs
One after the other on the perch, and you flutter,
Hop down, peck at a hemp or two, and immediately
Begin to sound in my ears the sweetness of your voice
That grows stronger every moment. You dart and leap
Between one song and the next, and with your thin claws
Clutch at the wires that enclose you, let go, and so
Back on the perch without respite; the nimbleness
Of your legs and your wings, your eyes, your song
Prove the joy and health that possess you wholly.
With sweetness incomparable you watch me
As I draw near to feed you. You know me,
I understand very well; and so you suffer me,
Without taking fright at all, to open the door
Of your cage, and let me remove the hoppers
Holding your food and drink to fill them for you;
And with a loud carol you seem to want to tell me
Thank you for thinking of you, greet me again
When I close the door and once more hang you
In the corner of the house where the cold will not smite you
And a little sun will visit you. Vainly I approach
A few times, creeping on the toes of my feet
To catch you asleep or slothful; from your rising,
Great sun, until your setting, never rest, never
Weariness overcomes you. What a lovely life
You live, thinking not of the morrow, the error
And conflict that may reign outside your home.

Iżda ma ngħirx għalik, għasfur lelluxi,
Għalkemm ħajtek togħġobni. Iżjed fil-għoli
Mill-ħajja ta' din l-art it-tama tiegħi.
Naf illi bosta drabi l-ħobż li niekol
Huwa mxarrab bid-dmugħ, u flok il-kelma,
Xi darba bla ma rrid toħroġ tnehida,
Għaliex fejn żrajt il-ward kiber bil-kotra
Xewk u għollieq, u min bi mħabbtu safja
Sata' jsabbarni ntemm qabli ġo qabar:
Imma naf illi d-dmugħ, miżrugħ fid-dinja
Irodd ferħ fis-smewwiet u wara dina
Il-ħolma li ngħidulha ħajja, tiġi
Il-qawma mill-imwiet fid-dawl ta' dejjem.

Hekk ngħixu mela t-tnejn, għasfur lelluxi:
Int hieni bik innifsek u b'imħabbti;
Jien bit-tama li f'qalbi Alla nissilli.

QUDDIEM KRUĊIFISS

O Ġesù, għal-fidwa tagħna
Inti msammar fuq salib;
L-eħrex mewt għażilt, biex turi
Illi Int l-akbar Ħabib.

Jekk imħabba mħabba titlob,
B'liema mħabba se nħallsuk?
Jekk bil-mewt ħallast għalina,
Tal-mewt tiegħek x'se nagħtuk?

Nagħtuk qalbna, qalb nadifa,
Qalb imħeġġa, ja Ħabib,
La biex tirbaħ imħabbitna
Temmejt ħajtek fuq salib.

TO MY CANARY

And yet I am not jealous of you, golden bird,
Though I admire your manner of life. Far on high
Above the life of this earth, there my hope lies.
I know that often and often the bread I eat
Is watered with tears, and instead of words
Sometimes, involuntarily, I utter a sigh,
Because where I sowed flowers grew in profusion
Thorns and brambles, and she who with purest love
Could have comforted me went down to the grave before me:
But I know that the tears sown in this world
Shall yield happiness in heaven, and after this
Little dream that we call life, there shall come
The resurrection of the dead in eternal light.

So the two of us live then, golden bird:
You happy with yourself and with my love,
I in the hope that God in my heart engendered.

BEFORE A CRUCIFIX

O Lord Jesus, for our ransoming
Thou wast nailed upon a cross;
Thou didst choose a death most cruel
To show Thou art the greatest Friend.

If love demands a love requiting,
With what love shall we repay Thee?
If by dying Thou didst redeem us,
What shall we give Thee for thy death?

We will give Thee our heart, a clean heart,
A heart aflame with love, dear Friend,
Seeing that Thou to gain our love
Didst end Thy life upon a cross.

INTI MA TARĠAX

Kollox jarġa': targa' l-ħdura
Fuq l-inxif minn tal-ħarifa;
Targa' x-xemx fuq nies maħqura,
Wara x-xita, wara l-bard;
Targa' tfuħ żiffa ħafifa
Qalb ir-rimi, qalb il-ward;

Kollox jarġa'; iżda minn qabrek
Int ma targa', j'omm, għalija;
Daħket fommok, kelmet sabrek
Għebu miegħek f'art l-imwiet:
Ta' l-imħabba, tal-mogħdrija
Qatt ma jerġgħu il-ħlewwiet.

ROMA IMMORTALIS

Fejn hu l-midbaħ ta' Ġove? Id-djar mogħnija
Tas-slaten rebbiħin, iddew! fejn huma?
Bla ħoss iġġarrfet minn kullħadd minsija
Il-qawwa ta' bla tarf li kienet Ruma.

Għalxejn poëti, ftit jew wisq mogħmija,
B'kelma tas-saħħa, iddoqq, safja, mirquma,
Għannewlha tqum: il-mejta, bla mibkija,
Taħt il-ħerba taż-żmien baqgħet mirduma.

Fuq it-trab tagħha tqiegħdet ġebla ġdida,
— Il-ġebla[1] kienet Pietru u qiegħdha Kristu —
Alla wettaqha...iż-żmien jgħaddi w iżidha.

Hekk kibret, mill-qadima iżjed sabiħa,
Ruma oħra, mgħannqa mas-salib ta' Kristu,
Ruma li ma tmut qatt, u qatt mhi xiħa.

YOU RETURN NOT

All things return: returns the verdure
Over the drought of autumn's dryness;
The sun returns upon men downtrodden
After the winter, after the cold;
A light breeze returns with fragrance
Amid the blossoms, amid the buds.

All things return; but you, my mother,
Return not from your grave to greet me;
Your smiling lips, your words of comfort
Are lost with you in the land of the dead;
Never more shall return the sweetness
Of your compassion and your love.

IMMORTAL ROME

Where is Jove's altar? The gorgeous palaces
Of kings triumphant, great God! where are they?
Silently overthrown, by all forgot—
Such now is the infinite power that was Rome.

In vain the poets, blinded little or much,
With strong, resounding words, pure and well-measured
Bade her in song to arise: dead, and unwept,
She rests deep-buried under the rubble of time.

But a new rock was founded upon that dust,
—The rock called Peter, and the founder Christ—
God strengthened it . . . Time's passage increase gave.

So grew to greatness, fairer than that of old,
Another Rome, clasping the Cross of Christ,
A Rome immortal, that shall never age.

LIL MALTA[1]

Kont il-warda tad-dinja u sirt bħall-miżbla;
minn kull xorta ta' qżież dieħel ġo fik;
inti tilqgħu u tifraħ, mara belha!
 u d-dinja tidħak bik.

Fejn hu l-għaqal tar-rġiel? Fejn hi tan-nisa
il-mistħija fil-ħars, fil-kliem, fil-lbies?
X'sar minnha l-warda tax-xbubija? Ahi qada!
 kollox irmejt bla qjies,

għax ruħek mardet. Mingħajr ebda rażan
is-semm barrani dieħel ġo l-ibliet,
u ż-żgħażagħ tiegħek jixorbuh u jiskru,
 jitkasbru bid-dnubiet,

u s-semm joktor u jiġri, u miexja l-pesta
fir-rħula wkoll u jmut quddiemha s-sliem:
ma fadallek lil ħadd min jilqa' l-ħsara,
 għax ma baqax ħlief kliem.

U qalbek birdet, għax m'għadhiex issaħħnek
dik l-Emmna mqaddsa li fil-jum tal-hemm
kissret l-għodda tal-għira u fuq Sant' Jiermu[2]
 kitbet storja bid-demm

u rebħet għadu li ħadd ma kien rebaħ:
inti kollox niġġist, djar u triqat,
sa fis-satra tal-Knisja ddaħħal miegħek
 il-kesħa tal-frugħat.

Oh! meta jasal bit-tifkira mqaddsa
Settembru[3] mbikki u fl-oqbra minsijin
jitħarrek bi tnehida twila l-għadam
 ta' dawk il-qalbenin,

Isma' minni, tersaqx bit-tifħir f'fommok,
bir-rand f'idejk quddiem il-Monument:[4]
jiena ngħidulek: Gidba sar tifħirek,
 u gidba l-Monument:

90

TO MALTA[1]

You were the rose of the world, and have become a dunghill;
all manner of filth is entering into you
which you receive rejoicing, foolish woman!
      and the world laughs at you.

Where is the sense of your men? Where is that modesty
of your women, modesty of glance, of words, of raiment?
What has become of the flower of your youth? Alas, all
      flung away fecklessly

because your soul is sick. Without any restraint
the foreign poison has penetrated the cities,
and your young men drink it and are intoxicated,
      they are soiled with sin,

and the poison spreads and runs rampant, the plague infests
even your villages, and peace dies before it:
not one man is left to you to ward off the injury,
      for only words remain.

Your heart is grown cold, for no longer to warm it
burns that holy Faith which in days of affliction
broke the weapons of envy, and on St Elmo[2]
      wrote a story in blood

vanquishing the enemy until that time invincible:
now you are wholly defiled, houses and streets,
even into the Church's intimacy enters with you
      the iciness of vanity.

Oh! when arrives the holy commemoration
of sad September,[3] and in their graves forgotten
stir once again the bones of those mighty heroes
      with a long sigh,

give heed to me: come not with vaunting on your lips
and laurels in your hands before the Monument:[4]
I tell you plainly: your vaunt has become a lie,
      a lie the Monument;

91

għax jiena rajthom lil misserijietna,
erwieħ ħosbiena, iduru ma' l-iswar,
ħarsthom miksura, marbutin dirgħajhom
        fuq isdra ta' l-azzar,

ifittxu, ifittxu l-wirt li ħallew huma,
u jxenglu rashom għax ma rawħ imkien;
u reġgħu niżlu ġo qabarhom, ħiemda,
        bħal min tilef iż-żmien.

Malta! Jekk għadu ma nkitibx fis-sema
għalik il-ħaqq li mess lil Babilôn,
arġa' lura fuq triqtek: Min ifejqek
        jistenniek ġo Sijôn.

B'DANA KOLLU

Il-ġrajja tal-bnedmin bdiet bil-ħruxija:
Għira miġnuna ħonqot lill-imħabba:
Il-kbir fost żewġ ulied[1] bid-dnub ittabba'
U l-art ħammret bid-demm li kien bla ħtija.

Minn dak in-nhar is-snin għaddew bil-mija,
Bl-eluf, u l-għerf li bit-tiġrib jitrabba
Kiber bla tarf, iżda l-hena li jxabba'
Lill-qalb ma wassalx miegħu fit-tiġrija.

U niżel Dawl mis-sema u qal: "Is-sliema
Tagħkom minn Alla; kunu wlied annuna
Ta' Missier wieħed li ma jafx iltiema."

Xterdet l-aħbar tat-twajjeb Magħna-hu-El...[2]
B'dan kollu ta' sikwit Għira miġnuna
Ittenni l-ġrajja ta' Kajjin u Abel.

for I have seen them, I have seen your forefathers,
anxious spirits, going about the ramparts
with shamefast countenances, their arms folded
        upon breasts of steel,

searching, searching for the heritage they left
and shaking their heads because they see it nowhere;
they go down again into their graves, silent, as one
        who has wasted his time.

Malta! If not yet has been written in heaven
against you the sentence passed upon Babylon,
turn back in your tracks: He who shall heal you
        awaits you in Sion.

FOR ALL THAT

Man's history began in savagery:
A jealousy insensate strangled love:
The elder of two sons was stained by sin
And earth was crimsoned with an innocent blood.

After that day the centuries went by,
Millenia; knowledge, reared by experiment,
Grew beyond bounds, but brought not in its train
The rich content that satisfies the soul.

A Light came down from heaven, saying: "Peace
Is yours in God; be children in unity
Of the one Father who no orphans knows."

Spread the good tidings of Emmanuel...
Yet for all that, insensate Jealousy
Ever repeats the tale of Cain and Abel.

Anqas biss żernaq; qalb id-dlam imkebba
Il-ħlejjaq kollha donnhom għadhom rieqda:
Int biss, ja xbejba; ksirt in-ngħas u kmieni
      Ħriġt minn ġo friexek.

Musbieħ inemnem minn ġo t-tieqa mbexxqa
Jagħmel sing abjad fuq il-ħajt quddiemek
U t-triq iwennes: int bla xejn ma taħseb
      Fil-bard, fix-xita,

Fuq in-newl titla' qalbiena: tqiegħed,
Mingħajr ma tħares, iż-żerkuna u fuqha
Kemm xejn tintelaq; is-salib imqaddes
      Trodd u tithejja.

Tibda t-twerżiqa minn ta' rfies li jmorru
'L isfel u 'l fuq kif jitla' u jinżel riġlek;
Minn id għal oħra, bla ma tonqos darba,
      Il-mekkuk titfa',

Li jgħaddi jiġri minn ġol-medd u jħalli
Warajh il-ħajta minn daqsxejn ta' mserka,
Fil-waqt l'int taqbad jew b'din l-id jew bl-oħra
      Id-deff u tħabbat.

Ja xbejba; kemm hi sbejħa s-sengħa tiegħek,
Fis-skiet, fil-ġabra minn ta' dar missierek;
Imħarsa mn'ommok li ma twarrab minnek
      Qatt ħbub għajnejha!

Isma' xi ngħidlek; xejn la tgħir għall-oħra
Li f'daqq u żfin sa nofs il-lejl iddawret,
U issa ġo friexha, f'nagħsa tqila, qiegħda
      Toħlom xi frugħa.

Il-qawwa ta' dirgħajk aħjar mill-bjuda;
Is-saħħa ta' riġlejk aħjar minn ġmielhom:
Qalb safja l-hena minn tal-ħajja: ħrafa
      Ġid u foħrija.

THE WEAVER

A little yet to dawn; wrapped up in the darkness
All creatures seemingly still are slumbering:
Only you, O maiden, have broken from sleep and early
Risen from your blankets.

A lamp flickers behind the half-open window
Making a white shaft on the wall before you
And befriending the road: giving not a thought to
The cold, the rainstorm,

You climb boldly up to the loom; you settle
Without as much as a glance the hand-beam, and softly
Relax; make the sign of the cross, and then
Prepare for labour.

The treadles commence to squeak now, moving
Upwards and downwards as your foot falls and rises;
From one hand to the other, without once failing,
You push the shuttle

That passes all through the weft, leaving
Behind it the thread from a little bobbin, while
You seize the frame either with this hand or the other,
Seize it and shake it.

O maiden, beautiful is the craft you are plying
In the hush, sheltered within the house of your father,
Watched over by your mother, who never ceases
To gaze upon you!

But hear me speak: be not envious of another
Who kept awake to music and dance till midnight
And now lies in her bed in a deep sleep, dreaming
Of some frivolity.

The power of your arms is fairer than whiteness,
The strength of your feet is finer than their beauty:
A pure heart is the joy of life: a mere fable
Wealth and vainglory.

Aħdem: il-biċċa qiegħda tikber ġmielha;
Għaddi l-ħaffiefa, dur bl-imqass il-għoqod;
Ikser u tenni, dalwaqt taqta'; kollox
    Tagħleb il-ħila.

Ħares, ġa beda jroxx id-dawl: ma' dwarek
Beda t-tgeġwiġ u l-għana ta' l-għasafar,
Itfi l-musbieħ: fix-xemx id-dinja kollha
    Tqum taħdem miegħek.

Il-għażżien biss li jmur mifluġ fis-sodda,
Mifluġ iqum u 'l hawn u 'l hinn jitlajja;
Il-għażżien biss jisraq mn' idejn ħaddieħor
    Il-ħobż li jiekol.

Aħdem, ja xbejba, u f'nofs in-nhar istaħja:
Iżjed hu bnin il-ħobż jekk qlajtu b'ħiltek.
Omm Alla, iftakar, f'din id-dinja kienet
    Ħaddiema bħalek.

ĠESÙ[1]

(Fil-Kenn għall-attakki mill-ajru)

Kull meta maż-żerniq ta' filgħaxija
Narak sejjer tistkenn fix-xelter tiegħek
Biex tgħaddi l-lejl imwarrab mill-ħruxija
Ta' min kull jedd sabiħ fit-tajn imiegħek,

Qalbi tingħafas, u b'ruħi mbikkija
Nixtieq, Ġesù, li ngħaddi ljieli miegħek,
U ngħidlek kliem ta' sabar u mogħdrija,
Lilek li s-sema u l-art ħedma ta' driegħek!

Għax jien nistħajlek f'dik il-ħarba twila
Li kellek tieħu għall-Eġittu mbiegħed
Meta f'Betlem għaddiet siegħa qalila,

U nistħajlek ġo Ruma, l-Belt għajjura,
Taħt l-art fuq l-oqbra tal-mejtin imqiegħed
U ħbiebek kollha mixlijin, maħqura.

Labour on: the strip will grow in beauty;
Pass the pumice-stone, grip the knot with the scissors;
Break and double, and then cut; Ars
          Omnia vincit.

See, now the light begins to sprinkle; about you
The birds commence to sing as they muster.
Put out the lamp: in the sun the whole world rises
          To labour with you.

Only the slothful, who sinks into bed paralysed,
Paralysed rises and dallies hither and thither;
The slothful only steals from the hands of another
          The bread he swallows.

Labour on, maiden, and at noon take refreshment:
Sweeter is the bread you have won by your own craft.
The Mother of God lived in this world, remember,
          A labourer like you.

JESUS[1]

(*In the air-raid shelter*)

Whenever in the twilight hour of evening
I see Thee go to refuge in Thy shelter
To pass the night safeguarded from the cruelty
Of those who trample in the dust all justice,

My heart is wrung, and with a sorrowful spirit
I yearn to pass my night with Thee, Lord Jesus,
And whisper words of consolation and pity
To Thee, whose hand created earth and heaven!

For I imagine Thee on Thy long exile
That took Thee fleeing into distant Egypt
As there passed a cruel hour in Bethlehem.

I picture Thee in Rome, that jealous City,
Beneath the earth, on the graves of the dead erected,
And all who loved Thee arraigned, and persecuted.

DAN MIN HU?

Ġejt fid-dinja: bosta ħlejjaq
semgħu kliemek, raw għamilek
kollu għerf, għeġubijiet:
ma fehmukx, u b'ħarsa kiesħa,
bħal tal-għaref li jistaqsi,
bosta kbar minn tal-Lhudija
dlonk tennew wieħed lil ieħor:
"Dan min hu?" U l-mistoqsija
baqgħet sejra tidwi tidwi
sa ma tlajt bis-salib fuqek
il-Kalvarju tal-ħatjin.

Minn ġol-qabar li kien ħaddnek
ħriġt rebbieħ għal ħajja ġdida:
Ratek kmieni l-Madaliena,
rawk l-oħrajn li tħaddtu miegħek,
u mill-ġdid staqsew dawk l-għomja:
"Dan min hu?" F'Ateni u Ruma
stama' leħnek — ħelu u qawwi, —
ta' l-irsiera tkissru l-ktajjen,
tas-sidien ħlew il-fehmiet;
niżel dawl ta'hena u saħħa
ġewwa l-Qalb u fuq il-Ħsieb;
bdiet is-sliema, bdiet l-imħabba
ma' tagħlimek, o Ġesù;
madankollu l-mistoqsija
illi nstemgħet fil-Lhudija
baqgħet tidwi: "Dan min hu?"

U biex jifhmu xi tkun Inti,
għamlu ħilthom nies bil-kotra:
flew bir-reqqa n-nisel tiegħek,
ħsiebek, kliemek u tagħlimek.
Ma fehmux, ma redux jifhmu,
u ġie l-għilt u bdiet id-dnewwa
wara l-ġlieda tal-fehmiet;
sikru ljuni b'demm l-insara,
mietu rġiel, mietu tfajliet,

WHO IS HE?

Thou camest into the world: many creatures
heard Thy words, and beheld Thy works,
all of wisdom, all of wonder:
they understood Thee not, and with a cold stare
as of the scientist asking questions,
many great ones in Judea
constantly repeated one to the other:
"Who is he?" And the question
went on continually echoing, echoing
till Thou didst climb with the cross upon Thee
the Calvary of the malefactors.

Out of the tomb that had embraced Thee
Thou camest victorious unto a new life:
early in the morning the Magdalene saw Thee,
the others saw Thee who conversed with Thee,
and once again those blind ones questioned:
"Who is he?" In Athens and Rome
Thy voice was heard beautiful and strong:
the chains of the captives were broken,
the understandings of the masters sweetened;
a light of joy and strength descended
into the Heart and upon the Mind;
peace made beginning, and love made beginning
with Thy teaching, O Jesu;
and yet for all that the question
which had been heard in Judea
went on echoing: "Who is he?"

Men in their multitudes bent their powers
to understand what Thou mightest be:
they dug minutely into Thy lineage,
Thy thoughts, Thy words and Thy teaching.
They understood Thee not, would not understand,
and error ensued, and violence followed
after the conflict of understandings;
lions waxed drunk on the blood of the Christians,
men died, and virgins died,

u tal-Knisja li ridt tibni
dak id-demm qawwa s-sisien:
hemm, fejn kienet art l-imwiet,
stama' fl-għana l-kliem ta' David
u, fil-waqt li mejda waħda
ġabret magħha kbar u żgħar,
l-Aħwa taw bewsiet ta' sliema
u, bla ħtija jew maħfura,
kielu l-manna tas-smewwiet,
il-Ħobż tiegħek, o Ġesù:
madankollu l-mistoqsija,
illi nstemgħet fil-Lhudija
baqgħet tidwi: "Dan min hu?"

U maħrub fuq żiemel għadda
b'minġel f'idu ż-żmien qerriedi;
saltniet waqgħu, oħrajn telgħu,
tbiddlu n-nies, tbiddlu d-drawwiet,
u weħidha fuq il-ħerba
ta' setgħat u ta' saltniet
baqgħet tiddi l-Knisja tiegħek
dejjem isbaħ, o Ġesù;
madankollu l-Kbar tad-dinja,
bħall-kbarat minn tal-Lhudija,
għamja f'għerfha baqgħet thewden
u tistaqsi: "Dan min hu?"

U ma' tul is-snin li ġejja
tibqa' sejra bla ma tehda
din il-qasma tal-fehmiet;
għax min jemmen għandu triqtu,
u triq għandu dak li jaf:
Inti, kbir fiċ-ċokon tiegħek,
ma tidhirx ħlief liċ-ċkejknin,
u tistaħba ġewwa sħaba
għall-għajnejn ta' l-imkabbrin.
Biss min jemmen jista' jifhem
dak li int u li temmejt;
min jixtieq li jagħraf qabel
biex fik jemmen, o Ġesù,

and that blood strengthened the foundations
of the Church Thou didst will to build:
there, where lurked the land of the dead,
was heard in song the words of David,
and, in the time when a single table
gathered about it the old and the young,
the Brethren bestowed the kiss of peace
and, being sinless or in absolution,
ate the manna sent down from heaven,
even the Bread of Thee, O Jesu:
and yet for all that the question
which had been heard in Judea
went on echoing: "Who is he?"

Time the destroyer scythe in hand
galloped headlong upon his steed;
empires fell, empires rose,
peoples changed and customs changed,
and alone over all the ruin
of principalities and of powers
still shone in splendour ever
more beautiful Thy Church, O Jesu;
yet for all that the great ones of the world
like the notables of Judea,
blinded by their wisdom, went on raving
still asking the question: "Who is he?"

All through the length of years yet to come
still shall continue without abatement
that division of understandings;
for the believer has his own way
and his own way has the sage:
Thou, great in all Thy littleness,
only appearest unto the little ones,
and Thou art hidden within a cloud
from the eyes of the overweening.
Only the believer can understand
what Thou art and what Thou didst consummate;
whosoever desires first to know
that he may then believe in Thee, O Jesu,

jibqa' mdallam fir-raj tiegħu
u bħall-Boloh tal-Lhudija
jibqa' jtenni: "Dan min hu?"

ATEIŻMU

Tnisslet — mingħajr ma ntebaħ —
f'qalbu mħabba ħażina:
kibret biż-żmien, ħakmitu,
għax...sabha ħelwa u bnina.

'Mma bejnu u bejn imħabbtu
indaħal il-jedd t'Alla;
qalbu xtaqet tinqasam...
ħsiebu jniżżel u jtalla'!...

Bdew is-sigħat ta' dwejjaq,
minn qalbu tar is-sliem...
Jedd Alla fuqu jaħkem,
ħares qalil bla kliem.

Baża'; xtaq jarġa' lura;
imħabbtu ma tatux:
xtaq li ma ġiex fid-dinja...
jew li Dawl ma kellux...

Iżda...hemm kien...u b'fehmtu,
raġel fil-għaqal tiegħu;
irsir ta' mħabba kiefra,
Alla miġġieled miegħu....

"Oh li kont nista' neħles
minn dan il-ħsieb qalil!
Xi ġmiel ta' mħabba! X'hena
ta' ħajja bla tfixkil!...

U kos...min jista' jgħidli
Li hemm tassew dan Alla?
Min jaf twelidx mill-biża'?...
U l-biża' dejjem falla...

remains darkened in his own judgment
and like the foolish ones of Judea
goes on repeating: "Who is he?"

ATHEISM

There was born—all unawares—
in his heart a wicked passion:
it grew with time, and mastered him,
for he found it sweet and of savour.

But between himself and his passion
intervened the Right of God;
his heart would fain split in two,
his thoughts sinking and uplifting.

Now began long hours of sadness,
all peace fled from his heart:
God's Right governor over him,
a watcher cruel and wordless.

He was afraid; yearned to return;
his passion did not suffer him;
he would fain have never been born,
never been given the Light.

But there he was, in his right mind,
a man in the fullness of reason;
prisoner of a fierce passion,
God battled against him.

"Oh, if I could but escape
out of these cruel thoughts!
How lovely is passion! What joy
in a life without impediments!

And after all, who can tell me
that there is truly God?
Who knows if He was born of fear?
And fear is ever a bankrupt.

Imħabbti ilha tgħidli
li Alla ħolma kbira,
li żżomm il-ħsieb imrażżan,
u l-qalb iżżommha rsira."

Ħarġet fl-aħħar id-dagħwa,
tidwi fid-dawl tax-xemx,
"Imħabbti sewwa qaltli;
Jien naf, Alla ma hemmx!"

RMIED[1]

Kienet sabiħa u rajtha tniżżel rasha
quddiem is-saċerdot. Bħal-lejl kien iswed
l-istar fuq ġbinha, u l-ħlewwa ta' ħarsitha
qatt ma refgħet minn l-art, anqas idejha
ma ħallet minn xulxin.

Magħluq fi ħsiebu,
għamel salib bir-rmied fuq ras ix-xebba
il-Bniedem t'Alla u: "Ftakar," lissen, "mara,
li inti trab u tarġa' trab."...

...Miġbura
f'dik it-twissija, ħarġet qajla qajla
mill-knisja x-xebba u ma xerrdetx ħarsitha
mat-triq hi u għaddejja. Bosta fuqha
għajnejn intefgħu u mxew magħha; bosta
qlub ħabbtu mgħaġġel bħal ma kien imgħaġġel
id-daqq tal-passi tagħha; u meta wrajha
ingħalaq bieb li ħbieha minn kull ħarsa
baqgħet l-għajnejn tixtieq u l-qlub titniehed.

PROGRESS

Sejrin lura bħal qabru...
Fid-djar mietet, is-sliema;
Min dineb jarġa' jidneb
U ma jridx jaf b'indiema.

My passion always told me
that God was some great dream
keeping the thoughts bridled,
holding the heart a prisoner."

At last a cry of blasphemy
rang in the light of the sun:
"My passion spoke to me truly:
I know, there is no God!"

ASHES[1]

She was beautiful, and I saw her bowing her head
before the priest. Black, black as the night
was the veil over her brow, and her sweet gaze
never lifted from the ground, neither her hands
loosed one from the other.

               Locked in his thoughts
the Man of God made the sign of the cross in ashes
over the girl's head. "Remember," he spoke, "woman,
that thou art dust and to dust shalt return."

               Concentrated
upon that counsel, the girl went forth slowly,
slowly out of the church, and scattered not her gaze
along the road as she passed. Many eyes were cast
upon her and followed her as she went, many
hearts beat fast, beat fast, fast as the tread
of her hurrying steps; and when behind her
the door was shut that hid her from every gaze
the eyes still yearned, and the hearts still sighed.

PROGRESS

Travelling backwards like a crab...
In the home peace is quite dead;
The sinner goes on with his sinning
And won't even hear of repentance.

Kulfejn iddawwar wiċċek
Nies imbergħna w imqarrsa...
Theddid, tilwim f'kull kelma,
Saret traġedja l-farsa.

Min daħak daħka l-bieraħ
Il-lum sefgħetlu sogħba;
Jara li l-ħajja kiefra
U li l-għaxa mhux logħba;

Għax bejn ġurnata u oħra
Jittawlu l-għaks u l-guħ,
U l-ħidma kuljum tonqos,
U ftit hemm ħobż merfugħ.

Frattant iż-żgħażagħ tidħak;
L-imħabba saret sport...
Ix-xjuħ iħokku rashom,
Jgħidu li m'għandhomx tort,

U ċ-ċfales kuljum tikber,
Min jorbot jarġa' jħoll...
M'għandekx għax tgħid lil għajrek:
"Ħabib, ara l-iskoll."

Fil-"business", fil-Pulitka
Gideb, tnassis bla qies...
Kollox arblu ta' Mejja,
Min tala' fuq sar nies:[1]

U dak li jsir fiċ-ċkejken
Isir aktar fil-kbir...
Din marda li tittieħed,
Tirkeb l-għani wil-fqir.

Qoxortu ħadd ma tesgħu,[2]
Kulħadd jgħir għall-aħjar,
U ftit, ftit hawn min jaħseb,
Kif Alla jrid, fid-dar:

U l-marella tad-dinja
Titħabbel kull ma tmur,[3]
Għax lil Min jaf isewwi
In-nies bagħtitu jdur.[4]

106

PROGRESS

Wherever you turn your face
People are angry, embittered...
Every word a threat, a reproach,
The farce has become a tragedy.

The man who was laughing yesterday
Today has plenty to weep about;
He sees that life is cruel,
Even supper's nothing to joke on.

For between one day and the next
Want and hunger rear their heads,
Work gets scarcer every day
And there's little bread in the cupboard.

For all that the lads go on laughing;
Love has become a sport...
The old men scratch their heads
Saying the fault's not theirs.

The muddle mounts up every day,
The one who fixes unfixes...
No need to say to your neighbour:
"My friend, look out for the rocks."

In business, in politics,
Lies, intrigue without measure...
The whole thing is a Maypole,
He who gets to the top is king.

And what goes with the youngsters
Goes even more with their elders...
The disease is contagious,
It infects the rich and the poor.

Everyone's jumping out of his skin,[2]
Everyone's jealous of his betters,
And few, very few sit and think
At home, as God would have us.

And so the skein of the world
All the time gets worse entangled,
For people quickly sent packing
The one who could put it right.

Imm'għandna l-ajruplani,
It-talkie, l-wajjerless...
Evviva s-SEKLU tagħna,
Is-Seklu tal-progress!...

FIL-KATAKOMBI

Għalxejn tfittex hawnhekk tal-ġmiel is-sengħa,
dik is-sengħa li mliet Ateni u Ruma
b' egħġubijiet li l-ebda żmien ma sata'
jisboq fil-qawwa anqas fil-ħlewwa: l-ebda
kburi ma ħaseb lilu nnifsu jħalli
minqux fir-rħam hawnhekk, biex minnu jibqa'
l-isem għallinqas u ma jmutx għal kollox.
Kull min hawn niżel, għad li għex fid-dinja,
ma kienx tad-dinja u ġid u għana u żina
għalih fiergħa u bla togħma. Oh! x'jiswa, x'jiswa
tikseb u taħżen, la ma żżommx għal dejjem!
Wieħed biss hu ta' dejjem, u biex jirbħu
lil dan il-Wieħed li mal-faqar tgħannaq,
kull ma jlellex fil-għajn u l-qalb iħajjar
żammew dawk il-għaqlin taħt qiegħ riġlejhom.
Kull min niżel hawnhekk kien jaf li nieżel
f'nagħsa li minnha jqum; kien jaf li Alla
jarġa' jiġbor f'setegħtu t-trab ta' l-oqbra
imxerred kullimkien u jarġa' minnu
idomm l-iġsma li l-Mewt ħattet u farrket.

ŻJARA LIL ĠESÙ

Qatt ma ninsa l-ħlewwiet li ħassejt f'qalbi
dik id-darba, o Ġesù.

Kienet il-ħabta[1]
li d-dwieli jinżgħu u lis-sid iroddu
l-aħħar għenieqed, u maż-żiffa ħelwa

Still, we've got the aeroplane,
We've got the talkies, the wireless...
Three cheers for our Century,
The Century of True Progress.

IN THE CATACOMBS

In vain will you search here for the art of beauty,
That marvellous art which once filled Athens and Rome
With wonders such as not ever time was able
To excel whether in power or sweetness: never
Proud man conceived in his mind to leave himself
Chiselled in marble here, that of him at least
The name might remain, and he not die entirely.
Whoso descended here, having lived in the world,
Was not of the world: wealth, riches, all ornament
For him was empty and savourless. What boots it
To acquire and amass what cannot be kept for ever?
One only is Eternal, and to attain
That One who elected poverty to embrace,
All things that dazzle the eye and harden the heart
These prudent ones trampled below their feet.
Whoso descended here knew he descended
Into a sleep from which he shall rise; knew God
Shall in His might regather the dust of the tombs
Scattered hither and thither, and of that dust
Reassemble the bodies Death struck down and shattered.

VISIT TO JESUS

Never shall I forget the sweetness I felt
That time in my heart, O Jesus.

It was the season
When the vines are stripped, and to the master are brought
The last clusters, when with the sweet breeze

itir il-weraq isfar u jitgħajjeb
in-nir tas-sema bil-ħajbur u tibda
l-ewwel newba tax-xita: il ħin kien riesaq
li l-għasafar jinġabru fuq is-siġar
u jimlew l-ajru bil-għajat minn tagħhom;
jien, kollni waħdi, ftit għajjien mill-kotba,
intfajt għal għonq it-triq bejn raba' u baħar.
— Ħelu kien leħnek dak in-nhar, ja baħar,
u ħiemda l-mewġa li bla ragħwa kienet
tħaxwex ġol-blat! u ħelu kien leħenkom,
ja siġar dejjem imżejnin bil-ħdura,
li kontu magħmulin, meta tarbija
jien kont nixxabbat ma' rkobbtejn ħaddieħor,
biex inżomm fuq riġlejja! — Lejn id-dwejra,
bil-għodda fuq spallejh, xi bidwi xwejjaħ
kien nieżel waħdu, waqt li l-aħħar għanja
ta' xi ragħaj, fil-bogħ'd, kienet tinstama'
ma' l-ilħna u ċ-ċempil tal-qniepen ċkejkna;
u fuq il-baħar abjad kienet tidher
il-leħħa ħamra ta' l-imqadef niedja
ta' xi dgħajsa tas-sajd, sejra mgħobbija
bix-xbiek u n-nases.

        Għandu jkun hemm rabta
bejn is-siegħa tal-jum u bejn il-ġrajja
ta'ħajjitna; u l-ħin li x-xemx tkun riesqa
biex tgħib u tagħti l-aħħar bewsa 'd-dinja,
il-ħsieb jittajjar lejn iż-żmien tal-hena
li għadda fuqna u ġie meħud għal dejjem;
u l-qalb tingħafas, u mingħajr ma rridu
id-dmugħ jaqbeż f'għajnejna u minn ġo ruħna
toħroġ tnehida. Ftakart fik, zmien ħelu,
meta kont f'dar missieri, u mejda waħda
kienet tiġborna lkoll, f'rabta ta' mħabba,
lili, lil ħuti, u 'l dawk illi nissluna:
imma fik l-aktar, j'omm, li għalkemm xwejħa
ta' tmenin sena, bqajt sa l-aħħar siegħa
sabiħa bħalma kont fl-aħjar minn tiegħek,[2]
u bid-dawl ta' għajnejk, li qatt ma ddellu,

The yellow leaves go flying, and into the haze
The blue of the sky vanishes, and begins
The first freshet of rain; the time was at hand
When the birds would forgather high in the trees
And fill the air with the clamour of their voices.
I, all alone, a little weary of books,
Plunged on the road between the fields and the sea.
Sweet, sweet was your voice that day, O sea,
And quiet the wave that plashed unfoaming
Softly against the rocks. Sweet were your voices,
Trees robed eternally in your green
Who were full fashioned when a little child
I used to clutch about the knees of another
To keep myself on my feet. Toward the cottage,
His tools over his shoulder, an old countryman
Was trudging down alone, while the last singing
Of some shepherd, far distant, could be heard
With the voices and a little bell tinkling;
And over the white sea faintly appeared
The red flicker of the glistening oars
Of some fishing-smack with its impedimenta
Of nets and baskets.

     There is some connection
Between the hour of the day and the history
Of our lives; and when the sun is just on the point
Of setting, giving its last kiss to the world,
The thoughts take wing towards the happy time
That has passed over us and is taken for ever;
There is a clutch at the heart, and involuntarily
The tears leap in our eyes, and from our soul's
Depth a sigh breaks. I thought of you, sweet time,
When I was in my father's house, and one table
Gathered us all together, in the bond of love,
Myself, my brothers, and those that begat us;
But chiefly of you, mother, who though an old woman
Of eighty years, remained to the last hour
Beautiful as you were in the best of your days,
And with the light of your eyes, that never dimmed,

kont tfissirli x-xewqat li kellek f'qalbek,
bla qatt ma għedtli; ftakart fik u donni
ħassejt li ma kellix iżjed x'nambiha
din il-ħajja li tajtni hekk għażiża,
la darba ma kont tista', ferħ jew niket,
taqsamha miegħi, u taħt l-art ħanina
fit-tgħanniqa tal-mewt xtaqt norqod miegħek.

Il-knisja ċkejkna mkebba qalb is-siġar
kienet miftuħa: dħalt u fuq subgħajja
irsaqt sa ħdejn l-artal. Ħaddieħor ħliefi
ma kienx hemm dak il-ħin, u jien sibt ruħi
waħdi fil-ħemda tad-dar t'Alla. Id-dija
ħamra tax-xemx minn ġo daqsxejn ta' tieqa
kienet tissawwab dak il-ħin fil-knisja,
u fuq il-ħajt biswit it-tieqa mdawwal,
kont tara 'l hawn u 'l hinn sieket jiċċaqlaq
id-dell tal-weraq li kien jobdi l-fewġa
ħelwa tal-baħar. B'dik id-dija ħamra
kien kollu mlibbes is-salib imqaddes
ta' fuq l-artal. Oh kemm rajtha mbikkija
u sfajra x-xbieha ta' Ġesù fil-ħmura
ta' dak id-dawl! kemm deherli kbir in-niket
fir-ras imdendla u fil-għajnejn bla ħarsa
ta' dak is-Sieket! Sogħba tnisslet f'qalbi
għalik, ja żmien, li jiena tlift fil-frugħa,
bla ma ttajjart 'il fuq lejn ġid is-sema,
għalkemm ħassejt sikwit tikbes ġo ruħi
il-ħeġġa tat-tajran; xegħlet fuq wiċċi
il-fawra tal-mistħija, u dlonk inkisret
ħarsti lejn l-art, u taħraq daqs il-ġamar
ħassejt demgħa titgerbeb fuq ħaddejja.
F'dik il-għafsa ta' qalb xofftejja tħarrku
u ħareg waħdu dan il-kliem: — Missierna,
li inti fis-smewwiet, jitqaddes ismek... —
Kieku dik kienet l-ewwel darba[3] f'ħajti
li smajt kliem hekk għażiż, ma kienx jolqotni
aħjar minn kif laqatni dik il-lejla:
qatt ma ħassejt bħal dak in-nhar il-ħlewwa

You signalled to me the desires of your heart
Without ever a word spoken. I thought of you,
And seemed to sense there was nothing left for me
To love this so precious life you gave me
Now you were no more able, in joy or sorrow,
To share it with me, and under the kindly earth
I yearned to sleep, in death's embrace, with you.

The little church huddled among the trees
Stood open; I entered, and on my toes
Crept near to the altar. There was no other
Beside me at that time, and I found myself
Alone in the hush of the House of God. The red
Glow of the sun was pouring at that time
Through a little window into the church,
And on the wall opposite the lighted window
Here and there could be seen silently shaking
The shadow of the leaves obeying the sweet
Breeze of the sea. In that crimson radiance
The holy cross standing upon the altar
Was wholly shrouded. Oh, how pale I beheld
The sorrowful likeness of Jesus in the redness
Of that radiance! What mighty grief I saw
In the drooping head and the unseeing eyes
Of that Silent one! Sorrow was born in my heart
For thee, the time I had wasted on vanity,
Without soaring towards the heavenly good,
Though oftentimes I had felt kindled in my heart
The ardour to fly; flamed over my face
The flush of shame; again and again my gaze
Fell broken to the ground, and burning as coals
I felt the tears rolling upon my cheeks.
In that tightness of the heart my lips moved
And only these words issued: "Our Father
Which art in heaven, hallowed be Thy name."
If that had been the first time in my life
I heard those precious words, they would not have seemed
More wonderful to me than upon that night:
Never as on that day had I felt the sweetness

ta' dak l-isem f'widnejja, u qatt ġo qalbi
ma ġarrabt ħeġġa ta' nirien l-imħabba
aqwa jew itjeb. Ma kontx iżjed waħdi
f'dik il-knisja ċkejkna, ġa la darba
mill-għoli tas-smewwiet kienet tħarisni
il-qawwa ta' Missier li qatt ma jinsa
lill-ulied tiegħu, u fi ħdanu jilqa'
bi tjieba ta' bla tarf kull min lejh jersaq.
— Missierna... — arġajt sejjaħt, u b'rabta mqaddsa
rajt imgħaqqdin il-ġnus, għalkemm mifruda
jew bil-bogħ'd jew biż-żmien, u d-dinja kollha
dar waħda u hienja, fejn aħwa jissejħu
min għandu s-saltna u min mat-triq jittallab.
Oh kemm hi sbejħa l-Fidwa! Oh kemm ressqitna
lejn il-ħajja l-mewt tiegħek, ja Bin Alla,
fuq għuda msallab! Le, mhux il-ferħ l-iżjed
hieni fid-dinja: għandu wkoll in-niket
il-ħajr minn tiegħu, la ġo fih moħbija
dejjem tinsab tal-faraġ iż-żerriegħa:
fit-toqol tas-salib li Int ħaddant
ħeffew dnubietna, u fil-weġgħa qawwija,
li firdet fik ir-ruħ mill-ġisem, tnisslet
rabta li ma tinħallx, li għaqqdet tajjeb
taħt missier wieħed il-bnedmin tad-dinja.
Arġajt tennejt: — Missierna... — u ħarsti marret
fuq bieba ċkejkna[4] fuq l-artal, fejn moħbi
taħt xbieha żgħira ġieb fix-xejn il-kobor
u l-qawwa tiegħu Dak li jista' kollox,
u safa ħobżna ta' kulljum. Oh setgħa!
oh ġenn ta' mħabba! oh tjieba! oh tjieba! oh tjieba!
Għax la ried jgħammar fostna u jgħannaq miegħu
dan il-ftit tafal li ma jafx ħlief jidneb,
Huwa ħanin bla tarf. U xtaqt inħobbu
dak il-ħin lil Ġesù; u rajtu fqajjar
il-musbieħ li kien hemm sieket inewnem
quddiem is-Sagrament, u xtaqt inqiegħed
ix-xemx fil-qawwa tan-nirien minn tagħha
tixgħel quddiemu. Oh kemm hi sbejħa l-ħemda
tad-dar tiegħek, Mulej! Kemm safa u benna

Of that name in my ears, never in my heart
Experienced the flaming fire of love
Fiercer or finer. I was no more alone
In that little church, seeing that now
Out of the heights of heaven reached to guard me
The mighty power of a Father who forgets not
His children ever, and in His arms receiveth
With infinite goodness all who draw nigh to Him.
"Our Father," I called again; and I beheld
Linked in a holy bond the nations, though parted
Whether by distance or time, and the whole world
A single happy house, where alike the rulers
And they that beg on the road are brothers called.
O how fair is Redemption! How near we are drawn
To life by Thy precious death, O Son of God
Crucified on the tree! Joy is not the greatest
Happiness upon earth; suffering likewise
Brings its own good, seeing that ever is found
Hidden within it the seed of deliverance:
By the weight of the cross Thou didst embrace
Our sins are lightened, and of the cruel anguish
That wrenched Thy soul from Thy body was engendered
The bond that shall not be loosed, that has bound securely
Under one Father all the children of earth.
Once more I repeated, "Our Father"; and my gaze strayed
Over a little door on the altar, where hidden
In a shape so small, He who can do all things
Brought to nothing His majesty and power
And became our daily bread. O might unmeasured!
O frenzy of love! O goodness, goodness, goodness!
For that He willed to dwell among us and embrace
This little clay that knows only to sin,
He is infinitely compassionate. And I yearned
To love the Lord Jesus; and so poor meseemed
The common lamp that flickered there in silence
Before the Sacrament, and I longed to set
The sun in all the strength of its mighty flame
To burn before it. How lovely is the peace
Of Thy dwelling-place, O Lord! What sweet savour

ġo dik il-Bejta li għażilt b'għamartek.
Vleġġa ma toħroġ qatt mill-qaws ħafifa
daqs kemm ħafif mar ħsiebi lejn żgħuriti:
u fil-hena ftakart ta' l-ewwel darba
li fuq ilsieni, b'qima kbira sieket
ħassejt it-togħma ta' dak l-ikel safi
li niżel f'sidri: u fik, anġlu ta' mħabba,
omm għażiża, ftakart li, minn kif nibtet
il-fehma f'moħħi, nissilt f'qalbi x-xewqa
ta' dan il-Ħobż, u forsi kienet bidu
ta' l-oħra li wasslitni fil-quċċata⁵
ta' l-artal ma' Ġesù. Elf darba mbierka
l-art li ġabritek u li targa' troddok,
fis-setgħa ta' dal-Ħobż, għal ħajja ġdida,
hienja u sabiħa ta' bla tarf. — Missierna . . .
Missierna . . . — jien tennejt, u donnu l-ħlewwa
ta' dak l-isem għażiż sa fuq ilsieni
ħalliet togħma tas-sema. Oh qatt ma ninsa,
qatt ma ninsa l-ħlewwiet li ħassejt f'qalbi
dik id-darba, o Ġesù.

        Xħin ħriġt mill-knisja
kien beda jroxx id-dlam, u f'wiċċ is-sema
kienet ġa bdiet tixref xi kewkba. Waħdi
arġajt għal għonq it-triq bejn raba' u baħar:
u smajt darb' oħra qalb il-blat tax-xtajta
tħaxwex il-mewġa, u żiffa ħelwa tvenven
qalb il-weraq tas-siġar: imma siekta
kienet il-plajja, u ma kontx tisma' iżjed
il-għanja ħelwa tar-ragħaj u l-bidwi
ma' l-ilħna u ċ-ċempil tal-qniepen ċkejkna.
Il-lejl kien riesaq . . . riesaq . . . iżda f'moħħi
safa dawl isbaħ minn tax-xemx, u f'qalbi
tnissel ferħ ġdid: — Hekk is-Sema jitkellem? —
ma ħsibtx aktar fl-imgħoddi; id-dmugħ kien nixef
minn xfar għajnejja, u bħala kewkba sbejħa,
fuq ħajti dak il-ħin iddiet it-Tama.

Fills the house Thou hast chosen for Thy abode!
Never did arrow speed from the bow so swiftly
As swiftly sped my thoughts back to my childhood;
And I thought of the joy of that first occasion
When on my tongue, silent in mighty awe,
I savoured the taste of that pure food descending
Into my breast; of thee, sweet angel of love,
My dear mother, I thought, who soon as sprouted
Understanding in my mind, sowed in my heart the yearning
For that holy Bread, and perchance was the beginning
Of that other yearning which brought me to the summit
Of the altar with Jesus. A thousand times blessed
Is the earth that received thee, and shall again restore thee,
In the power of that Bread, to a new life
Blissful and fair, life infinite. "Our Father,
Our Father," I repeated, and it seemed the sweetness
Of that most precious name left on my tongue
The savour of heaven. O never shall I forget,
Never shall I forget the sweetness I felt
That time in my heart, O Jesus.

                 When I left the church
Darkness had begun to gather, and in heaven's face
Already a few stars were peeping. Alone
I returned on the road between the fields and the sea;
Again I heard upon the rocks of the shore
The waves plashing, and a sweet breeze whistling
Amid the leaves of the trees; but silent, silent
Stretched the shore; no more was to be heard
The sweet singing of the shepherd and the countryman
With the voices, and the little bells tinkling.
Night was approaching, approaching; but in my mind
Shone a light brighter than the sun, and in my heart
Was born a new joy. Is such the speech of Heaven?
I thought no more of the past; the tears were dry
On the lids of my eyes, and like a fair star
Over my life shone forth in splendour Hope.

IL VJATKU[1]

Kollox dlam ċappa, żiffa kiesħa tvenven
Ġox-xquq tat-twieqi u fuq il-ħġieġ imsakkar
Ix-xita rqiqa, bla ma tehda, ittektek,
        U minn l-imwieżeb

L-ilma jċarċar fit-toroq. Fuq iż-żliegħa
Ta' l-art imxarrba 'l hawn u 'l hinn tinkiser
Id-dija ħamra tal-fanali, u donnha
        Għar-rqad tistiednek.

Kemm tmedd il-ħarsa ħadd ma jidher barra;
Xi waqt jinstama' mixi mgħaġġel: tgħaddi
Xbejha sewda fit-triq u tgħib: xi roti
        Fil-bogħod igergru.

Fil-ħin nisma' kemm kemm leħen qanpiena:
— Drajtu biżżejjed dak il-leħen — jersaq
U kull ma jmur jitqawwa. F'daqqa waħda
        Nilmaħ jitħarrku

Xi dwal, tnejn tnejn...Resqin...man-naħa l-waħda
U ma' l-oħra tat-triq jitqassmu: iħeffu,
Quddiem, it-tfal: fin-nofs tmewweġ u tħammar
        Bandiera ċkejkna.

Qegħdin joqorbu sew...beda jinstama'
il-leħen tal-qassis u tan-nies l-oħra: jidhru
Id-dwal fit-twieqi, wara l-ħġieġ, u f'nofshom
        Nies għarkobbtejhom.

Għaddej Ġesù...bil-lejl, fir-riħ, fix-xita!
Kollu ħniena u mogħdrija, kollu mħabba,
Sejjer iqawwi il-qalb u r-ruħ ta' msejken
        Fl-aħħar taqbida.

Nistħajjel miegħu għaddejjin, moħbija
Għall-għajnejn tal-bnedmin, anġli bil-qtajja',
U Lilu jfaħħru li f'daqsxejn ħobż abjad
        Il-kobor tiegħu

VIATICUM[1]

Darkness profound; a cold wind whistles
Through the window cracks, and on the closed panes
The drizzling rain incessantly patters,
            And from the spouts

Water spills down the streets. On the glaze
Of the drenched ground here and there shivers
The red glow of the lamps, as if they were
            Beckoning to sleep.

Far as the eye reaches, not a soul is visible;
Anon is heard a hurrying footstep; passes
A black shape on the road, and vanishes; wheels
            Rumble afar.

Now faintly, faintly I hear the voice of a bell—
How well I have known that voice! It approaches
Growing in strength as it comes. All of a sudden
            I descry moving

Lanterns, two by two; they approach; one side
And the other of the street they divide; hasten,
In front, the children; in the midst a crimson billow
            The little banner.

Yes; they are drawing nigh. I begin to hear
The voice of the priest, and the other people; lights
Start in the windows, behind the panes, and amid them
            People on their knees.

Jesus is passing: in the night, the rain, the wind
Passes all pity and compassion, all love,
Going to comfort the heart and soul of a poor wretch
            In the last anguish.

Meseems there are passing with Him, hidden
From mortal gaze, multitudes of angels
Praising Him who in a piece of white bread
            All His majesty

IL VJATKU

Għalaq u ħeba, u b'għira mqaddsa jżiġġu
Għall-ħena ta' min bih jixba' u jitwettaq.
Għadda Ġesù...warajh baqgħet bħal fwieħa
    Ħelwa ta' ġenna.

O tagħlim il-Feddej! O Emmna mqaddsa!
Kemm intom sbieħ! Kemm fikom għerf tas-sema!
Oh tjieba ta' bla tarf, int biss stajt tagħmel
    Dal-ġenn ta' mħabba!

Deh, meta l-jiem ta' din il-ħajja għalija
Ikunu waslu biex jintemmu, u mdejjaq
Taħt il-ħakma tal-mewt, kollu nistħajlu
    Ħolma l-imgħoddi,

Ikun bil-lejl, ikun bin-nhar, fix-xitwa
Jew fil-qilla tas-sajf, hekk ja Mulejja,
Ejja żurni, bit-tfal tnejn tnejn, bil-leħen
    Li jitlob ħniena.

L-aħħar Ħabib, ejja ġo sidri, u qiegħed
Qalbek fuq qalbi u minn kull dnub saffiha:
Miegħek mgħannaq, Ġesù, naqbad bla biża'
    It-triq ta' dejjem.

NHAR SAN ĠWANN[1]

Għaddew mijiet ta' snin u leħnek baqa'
Sabiħ u qawwi nhar il-Għid ewlieni
Tal-kbir Battista jidwi kmieni kmieni
Fuq din il-belt li nbniet biex qatt ma taqa'.

U ġewwa l-Knisja n-nies għadha tiltaqa'
Mill-bliet u r-rħula; u fuq wiċċhom hieni
Nilmaħ miktub bid-dawl il-ferħ ġewwieni
Li donnu f'dan il-jum fuq kullħadd jaqa'.

Jidwi leħnek ferrieħ, qanpiena tqila,
Fil waqt li mat-triqat nodfa u xemxija
Tgħaddi miqjuma l-Ġilwa twila twila;

120

Locked and concealed, and with holy zeal hastens
To console him who by it is fed and strengthened.
Jesus has passed: behind Him the sweet fragrance
      Of heaven lingers.

O teaching of the Redeemer! O holy Creed!
How beautiful you are! What heavenly wisdom!
O infinite Goodness, Thou only couldst work
      Such frenzy of love!

Ah, when for me the days of this mortal life
Draw near to their close, and sore disquieted
Under the sentence of death, I picture the past
      As all a dream,

Whether it be in the night or day, in winter
Or the fierce heat of the summer, even so, Lord,
Come visit me, with children two by two, with voices
      Praying compassion.

Last Friend, come into my bosom, and rest
Thy heart on my heart, and cleanse me of every sin:
Clinging to Thee, Jesus, I will take unafraid
      The eternal road.

ST JOHN'S DAY[1]

Long centuries have passed, and your voice remains
Beautiful and strong on the day of the solemn feast,
The voice of the great Baptist echoing in the early dawn
Over this city, builded never to fall.

Within the church the people are gathering together
From town and countryside, and on their happy faces
I see written in light that inward joy
Which seems this day to fall upon everyone.

Your voice echoes joyfully, ponderous bell,
In the time when through the streets clean-swept and sunny
Passes at length the venerable Procession;

U tnejn tnejn magħhom, fuq il-weraq tieri,[2]
Nistħajjel għaddejjin, ħarsthom mimlija,
B'dak il-mixi meqjus, il-Kavalieri.[3]

BJUDA

Rajtek filgħodu tidħaq qalb il-ħdura
Ta' ġnien ifuħ, fuq ġilju u ġiżimina,
Safja bla nikta, u fuqek dik il-ħmura
Li tixgħel fit-twelid tax-xemx ħanina.

U rajtek, f' nofs in-nhar ħiemed, minxura
Fuq is-silġ, tal-għoljiet ilbies u żina,
Tiddi mill-bogħ'd fuq il-għajnejn għajjura
Ta' min iħoss tal-għoli x-xewqa rżina.

Sabiħa, o Bjuda! u f'qalbi kibes ġamar
Ta' mħabba meta rajtek filgħaxija
Tħares ħosbiena minn fuq wiċċ il-qamar:

U ħlomt ħolma tal-ġenna — dehra ġdida! —
Rajtek tkebbeb, bħal star, Tfajla Lhudija
Li kienet xebba u kellha 'l binha f'idha.

NON OMNIS MORIAR

Kont bejn żagħżugħ u tifel:
ix-xemx ta' l-oħla April kienet titriegħed
fuq il-mewġa tal-baħar —
il-baħar ikħal daqs in-nir, li jħaddan
din il-gżira ta' qalbi,
ħamra bil-ward tas-silla,
ħadra bl-oqsma taż-żara': —
riħet iż-żahar tal-lariġ mill-ġonna
ħajritni, u jiena qbadt it-triq li sserrep
bejn wied u raba':
ħelwa fuq wiċċi fewġet

And two by two with them, over the tender leaves[2]
I fancy I see passing, with haughty mien
As they march onward with measured steps, the Knights.[3]

WHITENESS

I saw you at daybreak, laughing amid the green
Of a fragrant garden, on lily and jessamine,
Pure without spot, and over you the crimson
That bursts aflame at the birth of the kindly sun.

I saw you again in the silent noon, outstretched
On the snow, the garb and ornament of the highlands,
Shining afar upon the ambitious eyes
Of those who hear the quiet call of the heights.

O radiant whiteness! and in my heart was kindled
A fire of love when I saw you in the evening
Gazing pensively from the face of the moon;

And I dreamed a dream of Paradise—a new vision!—
I saw you as a veil shrouding a Jewish maiden
Who was a virgin, and held in her arms her son.

NON OMNIS MORIAR

I was half youth, half child:
The sun of sweetest April trembled
Above the waves of the sea—
The sea blue as indigo, that embraces
This island of my heart,
Red with the flowers of clover,
Green with the fields of barley:—
The scent of the orange-blossom in the groves
Enticed me, and I took the path that winds
Between valley and field;
Sweet on my face blew

iż-żiffa sħiħa, u f'dak il-hena safi
ħassejtni dieħel f'ħolma,
ħolma ta' dawl u fwieħa,
ħolma ta' mħabba li ma tafx in-niket.

Kif kont mitluf, imsaħħar,
f'dik in-nagħsa ta' ħlewwa,
ħafif daqs berqa, wiċċu wiċċ ta' kewkba,
niżel anġlu mis-sema
— l-Anġlu tal-Poëżija —
u b'dawk xofftejh eħfef mir-riħ li jgħaddi
fietel ma' nżul ix-xemx minn l-art għall-baħar
biesni bewsa fuq ġbini,
u qalli:
"Sehmek il-Għana:
il-Ġmiel imxerred fil-Ħolqien saltnatek;
l-hena tiegħek minn Qalbek u minn Ħsiebek."
Ħassejt la naf ta' ferħ la naf ta' biża'
tiġri rogħda ma' demmi,
u bħal xrara li tikbes
minn żnied milqut kibset ġo qalbi u ħeġġet
xewqa li ma ntfiet qatt mas-snin ta' ħajti.

U jiena għannejt:
għannejt kif jgħanni taħt ix-xemx ta' Marzu
ġojjin f'sakra ta' mħabba,
jew kif jgħanni fid-dlam ta' lejla siekta
rożinjol:
għannejt kif jgħanni l-ilma
safi li jfawwar minn ġo blata samma
u jiġġarraf u jgelgel,
qabel ma jdub fil-ħdura
li taf il-ħidma ta' dirgħajn godlija:
għannejt kif tgħanni l-fewġa
qalb ix-xuxa tal-qasab u tas-siġar,
u kif fuq xtajta mwarrba
jgħanni, lubien fi mħabbtu, il-baħar tagħna.

Ħaga tal-għaġeb!
malli minn qalbi kienet titla' l-għanja
u bil-ġwienaħ tal-kelma

The full breeze, and in that limpid joy
I seemed to be in a dream,
A dream of light and fragrance,
A dream of love that knows no sadness.

Bewildered while I was, enchanted
In that slumber of sweetness,
Swift as lightning, his face the face of a star,
An angel came down from heaven—
The Angel of Poesy—
And with those lips, lighter than the wind that passes
Cool with the setting of the sun from land to sea,
He kissed me upon the brow
And said to me:
"Your portion is Singing:
Beauty scattered over creation is your realm;
Your happiness is of your Heart and your Mind."
I felt—I know not whether of joy or fear—
A tremor running through my blood,
And like a spark that kindles
From a flint struck, kindled in my heart and flamed
A longing that has not been quenched all the years of my life.

And I sang:
I sang as sings beneath the sun of March
The linnet drunk with love,
Or else as sings in the darkness of the quiet night
The nightingale:
I sang as sings the water
That limpidly leaps out of the hard rock
And tumbles and gushes
Until it melts in the greenness
That knows the labour of sinewy forearms:
I sang as sings the breeze
Among the tops of the reeds and the trees,
And as over some sequestered shore
Sings, drowsy in its love, our sea.

O wonderful!
As from my heart rose that song,
And on the wings of words

ittir minn fommi bħal għasfur mill-bejta,
kienet b'għajta ta' ferħ tiġri ħafifa,
mhux lejn il-bliet imħassra,
iżda fil-beraħ, bejn il-ħdura u l-ikħal;
u b'dehen sabiħ titħallat
ma' l-ilħna ta' l-agħsafar,
mal-fwieħa tal-widien u ta' l-egħlieqi,
man-nifs tal-bhejjem felħanin, li jdaħħan
abjad fil-frisk tal-għodwa,
mal-lwien imżewqa
tal-ħaxix u tal-ward
u magħhom titla' mewġa wara mewġa
lejn is-sħab, 'l hinn mis-sħab, lil hinn minn l-ikħal.

U kont nistħajjel nisma'
mill-qiegħ ta' żminijiet il-lum minsija,
u mill-ħerba ta' bliet li kienu darba
il-qlub tad-dinja,
telgħin ilħna tal-fidda
li għannew bl-oħla kelma
is-sura tal-ħolqien u d-dija tiegħu:
ilħna ta' nies qalbiena
li raw fil-ġrajja tal-bnedmin imħabbta
mhux il-qawwa li teqred,
iżda s-setgħa li ġġedded,
setgħa li miċ-ċkejken
tnissel il-kbir, mit-tajjeb
l-aħjar, hekk kif mill-qamħa
toħrog bil-mewt is-sbula: nies għaqlija
li fil-mixja tal-ħajja
ma seħtetx il-għollieq tat-triq imwiegħra,
iżda warrbitu u b'tama l-iżjed sħiħa
stenniet, fil-ħin tan-niket,
tixref, għalkemm fil-bogħ'd, ix-xemx tas-sliema:
u dawn l-ilħna tal-qedem
donnhom miġbuda minn xi mħabba ġdida
kienu jissieħbu u jorbtu
mal-leħen tiegħi u ma' l-ilħna l-oħra,
Oh Poëżija!

126

Soared from my mouth, like a bird from its nest,
With a shout of joy it ran swiftly
Not towards the tainted towns
But in the void, betwixt the green and the blue;
And with fine judgement it mingled
With the melodies of the birds,
With the fragrance of the valleys and the fields,
With the breath of the sturdy beasts, that smoke
White in the cool of morning,
With the dappled hues
Of herbs and flowers,
And with them rose wave after wave
Towards the clouds, beyond the clouds, beyond the blue.

And I thought I heard
Out of the depths of times today forgotten,
Out of the ruins of towns that were once
The hearts of the world,
Soaring silver melodies
That sang in sweetest words
The shape of creation and its splendour:
Melodies of heroic men
Who saw in the storm-tossed story of humanity
Not the force that destroys
But the Power that renews,
The Power that out of the small
Begets the great, out of the good
The better, even as from the wheat
Issues through death the ear: men of wisdom
Who in the walk of life
Cursed not the brambles of the rugged path,
But brushed them aside and with strongest hope
Waited, in the time of sadness,
To peep, even afar off, the sun of peace:
And those melodies of old
As if drawn by some new love
Now mingled and intertwined
With my melody and other melodies,
O Poesy!

Issa bdejt nieżel:
għaddew sitta u ħamsin xtiewi minn fuqi
u kull waħda
ħalliet radda ta' ħsara
ġewwa l-għalqa ta' ħajti.
Iż-żmien naqax fuq ġbini
u fuq ħaddejja ħżuż li kull ma jmorru
joktru u jiswiedu:
xagħri xhieb; ħbub għajnejja
tilfu l-leħħa ta' dari, u saret tqila
il-medda ta' riġlejja,
— xhieda qawwija li tad-demm il-mewġa
m'għadhiex tiġri mimlija
u safja bħal ma kienet
mill-qalb għat-truf.
Dik ruħi kieku trid: iżda mhux dejjem
il-moħħ iwieġeb għas-sejħat tar-rieda
u l-għanja tmut, jaħasra fi twelidha.

U t-tmiem riesaq kuljum.
Dik il-qawwa moħbija
li tħott u ġġarraf kull ma tibni l-Ħajja
u tkidd u tiekol dak li trodd is-Sengħa,
taħdem dejjem ma' dwari,
taħdem, għalkemm bla ħoss, u kollox tbiddel.
Meta mbagħ'd minn għajnejja
jaħrab id-dawl u f' dalma sewda, kiesħa,
tmut id-dehra sabiħa
tal-Ħolqien li jgħaxxaqni,
għandu mnejn fuq il-qabar
li jingħalaq fuq ġismi
l-ebda demgħa ma taqa', u l-ebda warda
ma tixxerred minn id li taf il-ħlewwa
ta' min ħabb u jiftakar:
u b'qalbu bierda, niesi,
jgħaddi l-warrani bla ma jħares ħarsa
fuq il-għamajra tal-poëta sieket.

Iżda l-għanja ma tmutx:
minn taħt il-għatu

128

Now I began to decline:
Six and fifty winters passed over me
And each one
Left its track of ruin
Within the field of my life.
Time scored on my brow
And my cheeks lines that as the years passed
Multiplied and blackened;
My hair grizzled; the pupils of my eyes
Lost their keenness of old, and heavy
Grew the tread of my feet—
A powerful witness that the surge of blood
No more flows full within me
And clear as once it flowed
From the heart to the extremities.
My spirit is still willing; but not always
The mind answers the call of the will
And the song dies, alas, even at its birth.

And the end draws near daily.
That hidden force
Which pulls down and overthrows all that Life builds,
And wastes and consumes that which Art yields,
Works ever about me,
Works, almost insensibly, and everything changes.
When after from my eyes
Flees the light and in black, cold darkness
Dies the lovely vision
Of creation that delights me,
The time may come when over the grave
That closes over my body
Not a tear shall fall, not a flower
Be strewn from the hand that knows the sweetness
Of one who loves and remembers:
And with heart cold, forgetful
Posterity will pass by without a single glance
At the dwelling place of the silent poet.

Yet the song shall not die:
From under the slab

tal-qabar waħdu tibqa' ħierġa safja
il-mewġa ddoqq li ġewwa qalbi ssawret
fil-ħolma ta' żgħużiti
u f'taqsim ġdid intisġet
mal-għanja li għannejt fl-aħjar ta' żmieni.
Diwi tal-għanja tal-ħolqien il-għanja
tal-poëta, minn jeddu
ma jgħannix dan l-imsaħħar.
Kif iddoqq arpa meta swaba' mħarrġa
jiġru bis-sengħa fuq il-ħjut annuna,
hekk il-poëta jgħanni,
meta tmissu l-id t'Alla:
Ħabbâr tas-Sewwa, mera tas-Sbuħija,
kelmtu mis-sema, u min fis-sema tnissel
la jixjieħ u la jmut.
Il poëta jintemm u l-għanja tibqa'.

IL-MUSBIEĦ TAL-MUŻEW[1]

Mid-dalma tal-qabar
Fejn darba difnuk
U minsi kont qiegħed
Titmermer, ġibuk,

U fuqek darb' oħra
Id-dawl ta' bin-nhar
Ixxerred mis-sema,
Musbieħ tal-fuħħar.

Arġajt qalb il-ħajja
Li tgeġweġ bla tmiem,
Li dejjem tiġġedded
F'taqbida bla sliem,

U taħseb, u taħdem,
U tiġbor, u ttemm
Fit-tama, fil-biża',
Fil-frugħa, fil-hemm;

Of the solitary grave there shall still issue clear
The beating surge that took shape in my heart
In the dream of my youth,
And in a new pattern was interwoven
With the song that I sang in the best of my days.
An echo of the song of creation is the song
Of the poet: of his own will
He sings not, that enchanted one.
As a harp sounds when trained fingers
Run artfully over the bunched strings,
So the poet sings
When touched by the hand of God:
Herald of Truth, mirror of Beauty,
His words are from heaven, and that which in heaven is begotten
Grows not old, neither dies.
The poet perishes: the song is immortal.

THE LAMP IN THE MUSEUM[1]

From the darkness of the tomb
Where once they buried you
And you lay long forgotten
Mouldering, they fetched you;

And upon you once again
The light of the dayspring
Was scattered from heaven,
Earthenware lamp.

You came back again to life
That swarms interminably,
Ever and again renewed
In commotion without peace,

And ponders, and toils,
And amasses, and spends
In hope, in fear,
In vanity, in grief;

Arġajt tisma' l-mixi
Ta' min riesaq lejk,
U l-kliem ta' min wieqaf
Jitħaddet hemm ħdejk,

U jħares, u jifli
Dak fommok maħruq
U l-ħofra fejn żejtek
Fiż-żmien kien magħluq...

'Mma għidli: Min ġabrek
Għax għożżok ġol-ħġieġ?
Fil-milja tal-ħajja
Għal fejn int meħtieġ?

Il-lum sar il-bniedem
Tad-dinja s-sultan:
Hu niżel bi ħsiebu
Tal-ħlejjaq fil-ħdan,

U għarrex u kixef
Ir-rbit li jinsab
Fil-ġlejjeb tal-kwiekeb,
Fil-għabra tat-trab,

U seraq id-dija
Li tagħmel in-nhar
U rsira rabatha
Bir-ram u l-azzar,

U jekk isejħilha,
Mingħajr telf ta' żmien
Minn qalb id-dlam twieġbu:
Arani: hawn jien!

Bla dawl u bla sura
X'int tagħmel ġol-ħġieġ?
Fil-milja tal-ħajja
Għal fejn int meħtieġ?...

Imbierek min kixfek
Ta' qabar fis-skiet
U biesek u qajmek
Mir-rqad ta' l-imwiet;

You heard once more the footfall
Of one approaching you,
And the words of one standing
To converse there beside you,

And to stare, and examine
That burnt mouth of yours
And the hole where your oil
Used long ago to be held...

But tell me: Who gathered you
Why treasured he you in glass?
In all the plenitude of life
To what end are you needed?

Today man has become
Monarch over all the world:
In his thought he descends
Into the heart of creation,

He has spied, and discovered
The bond that is to be found
Amid the shoals of the stars,
Amid the particles of dust,

And he has stolen the light
That makes the very day
And bound it a prisoner
With copper and steel;

And if he summons it,
Without waste of time
Out of the darkness it answers:
Behold me: here am I!

Without any light and shape
What are you doing behind glass?
In all the plenitude of life
To what end are you needed?...

Blessed is he who discovered you
In the silence of the tomb
And kissed you, and raised you up
Out of the sleep of the dead;

Għaliex, għalkemm mitfi,
Musbieħ tal-fuħħar,
Int tixħet dawl qawwi
Bħad-dawl ta' bin-nhar,

Dawl qawwi li jinfed
Is-saffi ħoxnin
Tad-dlam illi ngabar
Mal-mixja tas-snin.

Kemm huwa twelidek
Qadim u sabiħ
Il-ħuta minquxa
Fuq ġbinek turih.

Ta' l-Ajkla li ħakmet
Id-dinja żmien twil
Kien għadu ma nkiser
Il-ġewnaħ qalil,

Meta inti fis-sħana
Ta' maġmar inħmejt,
U s-sahra ħasbitlek
Għall-ftila u għaż-żejt.

Jaħasra! minn sħabek
Kemm għabu mijiet
Li kienu tal-qedem
Jgħallmuna d-drawwiet!

Oh! għidli: Fi żmienek,
Musbieħ tal-fuħħar,
Meta inti kont tnewnem
Ġo rokna ta' dar

Fil-qieraħ tax-xitwa,
Fiċ-ċirċ u fir-riħ,
Fil-ljieli sajfija
Taħt sema sabiħ,

Qatt smajt lil xi xwejjaħ
Ma' niesu miġbur,
Bil-leħħa fuq wiċċu,
Bi kliemu miksur,

134

Because, though extinguished,
Earthenware lamp,
You cast a powerful light
Like the light of the dayspring,

A powerful light that pierces
The densely-packed layers
Of shadows gathered together
With the march of the years.

The manner of your nativity
Ancient and beautiful
The fish there engraved
Upon your brow discloses.

The powerful wings
Of the Eagle that tyrannized
Over the world a long while
Were not yet broken

When in the scorching heat
Of the brazier you were fired
And wakefulness designed you
To hold the wick and oil.

Alas! of your companions
How many hundreds have vanished
That would have taught us
The usages of antiquity!

Oh! tell me: In your time,
Earthenware lamp,
When you were flickering
In a corner of a house,

In the icy chill of winter,
In the drizzle and the wind,
In nights of summertime
Under a lovely sky,

Did you ever hear an old man
Gathered with his family,
A light shining in his face,
With words half-stammered

Itenni lil ibnu,
Lil bintu ħenjin,
Ftit qabel bil-ħasla
Tas-saħħa mgħammdin,

Il-ġrajja li sama'
Fuq nies mill-aħjar
Meqruda bix-xwabel,
Midruba biż-żrar,

Imċarrta, midluka
Biż-żejt u l-qatran,
Mixgħula fil-ġonna
Ta' l-eħrex sultan?

Qatt rajt lil xi xbejba
Mixħuta f'riġlejh,
B'idejha f'ħoġorha,
B'għajnejha f'għajnejh,

Tixroblu minn fommu
Il-mewġa tal-kliem
Mimlija bil-ħeġġa,
Mogħnija bis-sliem,

U tifhem, titgħaxxaq,
Titbissem kemm-kemm,
U tfisser xewqitha
Fil-fawra tad-demm

Li ħammret fuq wiċċha
Minn lewn is-smewwiet
Fil-ħin li x-xemx kbira
Tgħib wara l-għoljiet?

Min jaf hux mal-għomor
Tax-xwejjaħ tnissilt!
Min jaf hux ma' bintu
Fil-qabar inżilt!

Oh għidli: Hemm isfel,
Fejn xemx qatt ma wriet,
Fil-ħemda kennija
Ta' l-art ta' l-imwiet,

Repeating to his son,
To his daughter, happy,
Just a while ago baptised
In the baptism of salvation,

The stories he had heard
Of men most virtuous
Done to death by the sword,
Beaten with stones,

Torn asunder, anointed
With oil and pitch,
Set ablaze in the garden
Of a most savage king?

Did you ever see a maiden
Stretched out at his feet
With her hands in her lap,
Her eyes fixed on his,

Drinking in from his mouth
The billows of his words
Surcharged with passion,
Enriched with peace,

Understanding, and fascinated,
Smiling from time to time
And expressing her longing
In the flush of blood

Crimsoning her cheeks
With the hue of the skies
What time the great sun
Goes down behind the hills?

Who knows if in the lifetime
Of the old man you were begotten!
Who knows if with his daughter
You went down into the tomb!

Oh tell me: There below
Where sun never shone,
In the sheltered quiet
Of the land of the dead,

Tiftakar 'kk xi darba
Rajt kollhom henjin
Jinġabru l-insara
— Il-għonja, l-fqajrin —

U jieħdu u jroddu
Il-bewsa tas-sliem,
U, waqt illi jgħannu
Ta' David il-kliem,

Dwar mejda tal-ħaġar
Jintasbu flimkien,
Mingħajr ebda għażla
Ta' ġieħ u ta' żmien,

U ż-żejjed tal-għani
Man-nieqes tal-fqir
Jitħallat, u jiekol
Iċ-ċkejken mal-kbir?

Kemm gerbeb żmien fuqek,
Kemm ġrajja għaddiet,
Kemm twieldu, kemm kibru,
Kemm mietu saltniet,

U tbiddlet il-fehma
U d-drawwa tal-ġnus
Minn meta kont tnewnem
Ġo rokna marsus!

Fejn huma l-għoġiela
Qawwija, mżejnin,
Li rajt bosta drabi
Fil-maqdes deħlin,

U jmejlu, marbuta,
Is-saħħa tal-qrun,
U demmhom mal-midbaħ
Iċarċar sħun sħun?

Iġġarrfu tat-tempju
Ħitan u ħnejjiet,
Ta' Ġove, ta' Ġuno,
Inkisru x-xbihiet.

Do you remember if ever
You saw gathered, all of them
Happy, the Christians—
The rich and the poor—

Taking and returning
The kiss of peace,
And, while chanting
The words of David,

About a table of stone
Stationed together
Without any distinction
Of rank or of age,

And the well-provided rich
With the ill-provisioned poor
Mingling, the lowly ones
Eating with the great ones?

What ages have rolled over you,
What histories have passed,
How many kingdoms have been born,
Grown great, and died,

And changed the understanding
And the customs of nations
From when you were flickering
Pressed away in a corner!

Where now are the heifers
So strong, all adorned,
You saw many a time
Entering the shrine,

And bowing, bound up,
The might of their horns,
And their blood on the altar
Spilling warmly?

The walls and the vaults
Of the temple are fallen,
Jupiter's, Juno's
Statues are shattered

U fuqhom infirex
It-trab u l-ħaxix,
U għasses il-bidwi
Minn taħt il-għarix.

Is-saltna tad-dinja
Inqasmet fi tnejn,
U s-setgħa ta' Ruma
Intemmet fix-xejn,

Għax niżlet nies oħra
Min-naħa ta' fuq,
Nies ħarxa, bla beżgħa,
Li kollox issuq

U tħammel quddiemha
Bħall-mewġa tal-wied:
Saħħitha fil-kotra
U jeddha fil-ġlied . . .

Inqerdet ix-xeħta
Għas-snajja' tal-ġmiel:
Tal-ġenna ta' Ateni
Intilef kull ħjiel.

Bħal sħaba waħxija
Infirxet u mtliet
Fuq l-isbaħ tifkira
Li Ruma ħalliet,

U siket il-għana
U tbiddel il-lsien,
Tal-ħaqq u tas-sewwa
Irtafa' l-miżien.

Bil-herra f'mixjitha,
Bil-minġel mislut,
Rebbieħa jekk toqtol,
Rebbieħa jekk tmut,

Il-qilla tal-Għarbi,
Żorr f'dinu u mqit,
Għaddiet fuq il-ħemda
Ta' qabrek sikwit;

And over them was spread
The dust and the grass,
And the peasant watched
From within his cottage

The kingdom of the world
Divided into twain,
And the power of Rome
Ended in nothingness,

For another folk came down
Out of the north lands,
Fierce folk, fearless,
Driving all before them

And washing all away
Like the wave of a river:
Their strength in their numbers,
Their right in battle...

Perished the skill
Of the craftsmen of beauty:
Destroyed every image
Of Athens' paradise.

As it were a dark cloud
Outspread and swarmed
Over the fairest memorial
Left behind by Rome,

And the song grew silent,
And the language changed,
The balance of justice
And truth was removed.

Brutal in their march,
With sickles drawn,
Triumphant if they slew,
Triumphant if they died,

The fury of the Arabs,
Stern in religion and harsh,
Passed over the silence of
Your tomb again and again;

U, naħseb, int smajtha,
Għalkemm kont midfun,
Id-daqqa bla ħniena
Tal-fies u l-baqqun,

Li qajmet wisq drabi
Bla xerqa, bla jedd,
Lil min fin-ngħas qawwi
Tal-mewt kien imtedd.

U mar: fuq ix-xtajta
Sabiħa li ddur
Ma' l-art ta' twelidna,
Mis-sema maħtur,

Ġie raġel qalbieni[2]
Li ħabb is-Salib,
Imgħallem fit-tjieba,
Tas-Sewwa ħabib.

Ir-rebħa mxiet miegħu,
U nfirex standard
Ta' safa, ta' mħabba,
Maħdum ġilju u ward.

U waslu nies oħra[3]
Magħżula, tajbin,
Għedewwa bil-ħalfa
Tad-djieb misilmin,

Qawwija, qalbiena,
Fil-hemm, fit-tiġrib,
Bil-għelma, fuq s'dirhom,
Ta' l-isbaħ salib,

U magħhom, warajhom,
Il-muna tal-ġid:
Il-ħasba u l-ħedma
Ixxittlu mill-ġdid.

Kemm tbiddlet il-fehma
U l-ħajja tal-ġnus,
Minn meta kont tnewnem
Ġo rokna marsus!

And, methinks, you heard
Though buried so deep
The merciless hammering
Of mattock and axe,

That oftentimes raised up
Without seemliness and right
Those who in the deep sleep
Of death were outstretched.

It passed: over the lovely
Shores which encompass
The land of our birth,
Chosen of heaven,

There came a brave man
Who loved the Cross,
Well schooled in gentleness,
Friend of the Truth.

Victory marched with him,
And the banner was unfurled
Of purity, of love,
Fashioned lily and rose.

Then came other peoples,
Chosen and virtuous,
Sworn enemies
Of the Moslem wolves,

Powerful conquerors,
In sorrow, in trial
With the badge on their breasts
Of the cross most fair.

And with them, after them,
Great stores of wealth;
Pondering and toiling
Were renewed once more.

How much has changed the understanding
And the life of nations
From when you were flickering
Pressed away in a corner!

Fejn ħarbxet is-sikka,
Fejn għażaq il-fies,
Inbnew bliet u rħula
Li tgeġweġ bin-nies:

U fejn qatt ma nstama'
Ma' tulek, ja bur,
Ħlief għanja ta' bidwi,
Jew leħen għasfur,

Instemgħu ïl-ħsejjes
Ta' l-ifrem azzar
Imħaddem bil-qawwa
Ta' l-ilma u n-nar:

U ħfief donnhom żwiemel
Fil-baħar miftuħ
L-iġfien għaddew jiġru
Bla mqadef, bla qlugħ;

Sa niżel mill-għoli
Tas-sema twerdin;
Fejn jgħaddu l-għarienaq
Ittajru l-bnedmin.

Xejn iżjed ta' żmienek
Ma baqa' li kien,
Kemm-kemm għadek tagħraf
Xi kelma mil-lsien.

Nistħajlek...Imm'inti
Sikkittni: wisq ċar
F'widnejja jdoqq leħnek,
Musbieħ tal-fuħħar:

"Mhux kollox jinqered
Taħt minġel ħażin,
Mhux kollox jitbiddel
Mal-ħarba tas-snin:

"Hawn ħaġa sabiħa
Fost l-iżjed li rajt,
Hawn kelma qaddisa
Fost l-egħżeż li smajt,

Where the plough had scraped
And the axe had dug
Towns and villages were built
Swarming with people;

And where was never heard,
Meadows, in all your length
Save some farmer's song
Or the voice of a bird,

Now was heard the hissing
Of stoutest steel
Fashioned by the power
Of water and fire:

And swift as horses
On the open sea
Ships passed, racing
Without oars or sails;

Till descended from the heights
Of heaven a whirring;
Where the cranes were passing
Men go flying.

Nothing more of your time
Remains as it was,
Scarcely now you know
A few words of the language.

I imagine you . . . But you have
Silenced me: very clear
In my ears sounds your voice,
Earthenware lamp:

"Not all is destroyed
Beneath the evil sickle,
Not everything is changed
With the flight of the years:

There is one beauteous thing
Of the loveliest I have seen,
There is a holy word
Of the dearest I have heard,

"Li għadhom kif kienu
Fiż-żmien li tnissilt
U għext u ma' sidti
Fil-qabar inżilt.

"Il-kelma huwa l-isem
Ta' Kristu Feddej,
Bin Alla li jaħkem
L-imgħoddi u li ġej;

"Il-ħaġa hija x-xirka
Ta' dan il-Mislub,
Imgħajjar bil-bosta,
Bil-bosta maħbub."

Oh x'dija sabiħa
Bħad-dawl ta' bin-nhar
Int tixħet madwarek,
Musbieħ tal-fuħħar!

Imbierek min ġabrek
U għożżok ġol-ħġieġ:
Għall-ġieħ ta' pajjiżna
Int bosta meħtieġ.

IL-"JIEN" U LILHINN MINNU

Ħsiebi bħal agħma: biex isib it-trejqa
itektek bil-għasluġ kull pass li jagħti;
jimxi qajl qajl u qatt ma jaf fejn wasal;
dalma kbira tostorlu l-kif u l-għala,
u d-dawl li hu jixtieq qatt ma jiddilu.

Ħsiebi bħal agħma, u dik id-dalma sewda,
bħal marda li tittieħed, tmissli 'l qalbi
u ddawarha bin-niket, bħal ma ż-żraġen
tax-xewk u tal-għollieq idawru x-xitla
tal-ward u joħonquha. Minn ġol-ħondoq
tad-dwejjaq kiefra jien għajjatt imbikki:

That are still as they were
In the time I was begotten
And lived, and with my mistress
Went down into the tomb.

That word is the name
Of Christ the Redeemer,
The Son of God, who rules
The past and what shall be;

That thing is the communion
Of Him crucified
Mocked at by many,
Of many beloved."

Oh what a wondrous light
Like the light of the dayspring
You cast about you,
Earthenware lamp!

Blessed is he who gathered you
And treasured you in glass:
For the glory of our country
You are indeed needed.

BEYOND SELF

My thought is like a blind man: to find the way
he taps out with a stick every step he takes,
shuffles slowly, never knowing where he has got.
A dense darkness shrouds from him the How and Why,
and the light he yearns after never illumines it.

My thought is like a blind man, and that black darkness
like a contagious sickness strikes me to the heart
encompassing it with melancholy, even as twigs
of thorn and bramble circle about the nursling
rose-bush, and strangle it. Out of the deep abyss
of cruel anguish weeping I cried aloud:

"Għajjew għajnejja tħares bla ma tara,
u qalbi nfniet. Min sa jagħtini l-hena
tad-dawl sabiħ? Min sa jurini t-trejqa
li twassalni xi mkien fejn hemm il-milja
tax-xewqa kbira li taħfili 'l ħajti?"

Ħarist madwari: rajt il-ward ilellex
bl-eluf u jilgħab mal-fewġiet għaddejja:
smajt lill-għasafar moħbijin fix-xuxa
tal-fraxxnu u tal-ħarrub igħannu l-għanja
ferrieħa ta' l-imħabba u x-xemx mill-għoli
tiddi fuq kollox u bis-sħana wtieqa
tfittex l-egħruq tal-ħajja. Dehra ħelwa!
dehra sabiħa li bennitni f'ħolma
ta' poëżija u bħal raqqditli s-sensi:
iżda s-sħana tax-xemx ma niżletx f'qalbi;
anqas dijitha ma kisritli d-dalma
illi nġabret fuq ħsiebi.

                    Lejn is-sema
arfajt ħarsti mixtieqa: eluf ta' kwiekeb
f'dak il-wisa' bla tarf rajt ilebilbu
bħalma jagħmel il-ward, meta bil-ħlewwa
tbusu l-fewġa t'April. Madwari l-ħsejjes
tal-ħidma kienu siktu u l-lejl kien firex
l-istar tiegħu bla lewn fuq l-art u l-baħar.
Ħelwa kienet is-siegħa! Fuq ix-xtajta
il-mewġ iħaxwex dik il-għanja ċkejkna
li tħannen għall-mistrieħ: għannej waħdieni
fis-skiet tal-lejl, ir-rużinjol iwieġeb
b'leħen imbikki, u bħala ruħ li tishar
l-arloġġ iwennes lil min jishar bħalu.
Qawwija kienet ħarsti lejn is-sema,
u ħsiebi ttawwal, bħal ma tagħmel xitla,
biex jixrob l-ewwel dawl li sata' jinżel
minn dak l-iżraq bla qiegħ, minn dak il-wisa'
bla truf; u jiena tlabt: "Mulej, urini
it-triq tal-hena; ixgħel ġewwa ħsiebi
id-dawl tal-fehma u minn fuq qalbi neħħi
l-għoqla ħarxa tad-dmugħ."

"My eyes are weary of peering and never seeing,
and my heart is forspent. Who will give me the comfort
of the delectable light? Who will show me the way
that shall bring me wherever it may be the great desire
that so long consumes my life shall be consummated?"

I gazed about me: I saw the flowers glittering
in thousands as they played with the passing breezes:
I listened to the birds, hidden in the foliage
of ash-tree and carob-tree, singing the joyous
anthem of Love, and the sun from on high
shone upon all things, and with strengthening warmth
explored the roots of life. Sweet epiphany!
O lovely vision that cradled me in a dream
of poesy, and lulled my senses asleep;
but the sun's warmth descended not into my heart
neither did its radiance break through the darkness
that was gathered over my thought.

          Then towards heaven
I lifted my ardent gaze: thousands of stars
I saw trembling in that infinite space,
trembling as do the blossoms, when gently kissed
by the breeze of April. All about me the sounds
of labour were sunk to silence, and night outspread
its colourless veil over the land and the sea.
How sweet was the hour! Over the shore the wave
was murmuring softly that gentle lullaby
that hushes to slumber; a solitary singer
in the night's silence, the nightingale responded
with plaintive voice, and like a sleepless spirit
the clock kept company with a like vigilant.
Keenly and earnestly I gazed towards heaven
and my thought reached out like a leaping sapling
to drink the first light that haply might descend
out of that bottomless blue, out of that space
infinite; and I prayed: "O Lord, show to me
the way of comfort; kindle within my thought
the light of understanding, and lift from my heart
the bitter sorrow of tears."

Ebda tweġiba.
Hemm kien is-sema bid-djamanti żoroq
tal-kwiekeb jiddu ġewwa ħbub għajnejja;
hemm il-baħar mifrux fid-dalma siekta
iħaxwex l-għanja ta'tfulitu; moħbi
ġo siġar moħbijin — ruħ imbikkija, —
hemm kien ir-rużinjol itenni l-għanja
li għallmitu l-imħabba; — poëżija
ħelwa li traqqad ix-xejriet tal-ġisem, —
iżda sebħ ma tefgħetx fuq ħsiebi mdallam,
anqas ġo qalbi ma tefgħet is-sliem.
Ħsiebi ħrax f'dik iċ-ċaħda. Bħal min jitlef
tama sabiħa li kien nissel darba
tnehidt: "Kemm niket ġewwa d-djar magħluqa!
kemm krib ta' morda! kemm uġigħ! kemm dwejjaq!
kemm qirda ta' ħajjiet fl-aħjar minn tagħhom,
u ħadd ma jwieġeb għat-tnehid tal-bniedem!
Għalfejn ix-xemx? Għalfejn il-kwiekeb żoroq?
Għalfejn il-ward u l-għana ta' l-agħsafar
la ħadd minnhom ma jġib għall-ħsieb imdallam
xi dawl ta'fehma, anqas għall-qalb muġugħa
taba ta'faraġ? Għal min jitlob ħniena
x'tiswa ta'kobor u ta'ġmiel turija?
Meta zgħuziti kienet għadha miegħi
u minn ħarsti, minn kelmti u minn mixjiti
kienet taqbeż is-saħħa, oh x'nida ħelwa
ta' ferħ, ta' sliema kont ixxerred fuqi,
ja tama tas-smewwiet! Il kelma t'ommi
għadha f'widnejja ddoqq: 'Qatt la tirtema
taħt it-toqol tal-ħajja: jekk in-niket
għad jiġi wara biebek u jdellilek
darek, u tħoss il-ħobż jimrar u jikber
ġo ħalqek, ftakar illi fik, madwarek,
u fid-dawl tas-smewwiet għandek iħobbok
missier ħanin li ma jaħqarx 'l uliedu,
għax Hu jitma' 'l-agħsafar, Hu jlibbes
bis-suf lin-ngħaġ u Hu jimla bis-saħħa
lill-ħut fil-baħar: qatt, ibni, la tinsa
il-kelma t'ommok; ommok tgħid is-sewwa.'"

150

No answer came.
Yonder stretched heaven with its blue diamonds
of stars shining into my staring eyes;
yonder the sea outspread in the silent darkness
murmured its song of childhood; hidden from sight
deep amid hidden trees—a weeping spirit—
yonder the nightingale repeated the song
which Love alone had taught it;—a poesy
so sweet, lulling to sleep the body's motions—
but shed no daybreak upon my darkened thought,
neither within my heart cast it any peace.
My thought grew fiercer for the denial. As one
who loses a fair hope he has once engendered
I sighed: "What sorrow dwells behind bolted doors!
what groans of sickness! what suffering! what distress!
what lives cut off in the very flower of youth,
and none makes answer to the sighings of men!
To what end the sun? To what purpose the blue stars?
Why the bright flowers and the song of the birds,
since none of these things brings to the darkened thought
one ray of understanding, nor to the pained heart
any salve of comfort? He who prays for compassion—
what avails him all this show of grandeur and beauty?
When the days of my youth were still with me
and in my glance, the words I uttered, my gait,
health was yet abounding, ah, what sweet dew
of joy and peace, heavenly Hope, did you
not scatter over me! The words of my mother
still resound in my ears: 'Never surrender
under the burden of life: if unhappiness
should come knocking at your door, and cast its shadow
upon your house, and you feel the bread in your mouth
wax bitter, remember that in you, all about you,
and in heaven's light, you have a compassionate Father
who loves you, and oppresses not one of His children,
for it is He who feeds the birds, who clothes
with wool the lambs, it is He who fills with strength
the fish in the ocean: never forget, my son,
the words of your mother; your mother speaks the truth.'"

U jien emmint u, għax emmint, ftaħt qalbi
għal tama kbira, u l-ward ħeġġeġ madwari.
Ferħa bla temma! Issa li saħħti mielet,
naqset il-kelma t'ommi: u int, ja Tama,
m'għadekx fuq ruħi troxx il-barka tiegħek,
għax jien fil-hemm li xxeblek ma' din ħajti
tlabt lill-missier ħanin li qaltli ommi
u baqgħet bla tweġiba s-sejħa tiegħi.

U bħal ħsieb iswed għadda minn ġo ħsiebi:
"Il-bidu mnejn? It-temma fejn? X'ifissru
it-Tajjeb u l-Ħażin fl-insiġ ta' ħajja
maħruba f'qasir żmien? Mhix ħolma ewwilla
dik it-Tjieba Ħanina li għallmitni
ommi fl-iskola ta'ħoġorha, meta
tfajjel daħkani ma kontx naf ħaġa oħra
ħlief inħares f'għajnejha u fit-tbissima
ta'fommha u kienu dawk il-ġenna waħda
ta'ħsiebi u qalbi? Fis-sahriet lejlija,
meta tiskot il-ħajja u l-kwiekeb żoroq
jittawlu mis-smewwiet fuq dinja mħeddla;
fid-dija ta' bin-nhar, meta x-xemx tisreġ
fuq il-jasar ta' nies li taħdem, tħabrek,
tagħnet u tagħraq, biex ma' wliedha tiekol
il-loqma samra aktarx bid-dmugħ imxarrba,
min qatt issamma' fil-ħolqien u sata'
jisma' leħenha? Min qatt ra dawl wiċċha?"

Iżda lil omni ma ħqarthiex fi ħsiebi,
għax ommi kienet safja u deh'nha qawwi,
u jien ħabbejtha kif iħobb poëta.
Siekta issa qiegħda fit-tgħanniqa kiesħa
tal-mewt fil-qabar ċkejken; biss xbihitha
għadha ħajja quddiemi w-tkellimni;
iżd' ahi! meta xewqan immidd dirgħajja
biex ingħannaqha, ma nsib xejn fi ħdani.
J'ommi, tjieba tassew! tjieba ħanina!
għaliex ma bqajtx hawnhekk biex issabbarni?
għaliex minn ħajti ġiet il-Mewt ħatfitek? . . .
Il-Mewt! . . . Għalfejn il-mewt? Uġigħ u niket,

And I believed and, because I believed, I opened
my heart to a great hope, and the flowers blazed round me.
O joy unfulfilled! Now that my strength has declined,
my mother's words too have failed: and you, O Hope,
sprinkle no more your blessing upon my spirit,
for I, in the grief that twisted about my life,
prayed the compassionate Father my mother told me of
and my loud petition remained unanswered.

Then as it were a black thought passed through my mind:
"Whence the beginning? Where the end? What signify
the Good and Evil in the weaving of life
hurried in such short time? Is it not a dream,
the compassionate goodness that my mother taught me
in the school of her lap, in the days when I
was a laughing child knowing nothing other
than to gaze into her eyes, at the smile
of her lips, and those were the only Paradise
of my thought and heart? In the long night watches
when life is hushed to silence, and the blue stars
lean down from the heavens over a world benumbed;
in the radiance of the noonday, when the sun burns
over the bondage of labouring men who strain
and struggle and sweat, so that their children may eat
a brown morsel, most likely drenched with tears—
who, listening to creation, was ever able
to hear that voice, or has seen the light of that face?"

Yet I reproached not my mother in my thought,
for my mother was pure and her discernment strong,
and I loved her as only a poet loves.
Now she lies silent in the icy embrace
of death, in the narrow grave; only her image
is still living before me, speaking to me;
but ah, when full of yearning I stretch my arms
to embrace her, I find nothing within my clasp.
O mother, truly good, truly compassionate,
why did you not remain here to comfort me?
Why did Death come and snatch you out of my life?
Death! To what end is death? Suffering and sorrow,

ħsarat u dmugħ u tifkiriet bla faraġ
għalfejn dħaltu fid-dinja? X'tiswa l-ħajja
la min-nebbieta fil-għeruq moħbija
trabbi s-susa tal-mewt? Mhux bin il-għaqal
tibni biex tħott, tpinġi s-sabiħ u tħassru.

Nofs il-Ħarifa. Ahi, kif tislitli qalbi
il-karba twila li bla heda tidwi
fil-għalqa tal-mejtin! Kemm dmugħ imrażżan
fil-ktejbiet minquxin fuq l-oqbra kiesħa!
Kemm ward ta' ħajja mħarbat qabel żmienu!
Tara tfajjel jiġġerra liebes l-iswed
qalb l-oqbra jfittex dik il-qalb li darba
kienet taqbeż bil-ferħ u taqsam miegħu
l-hena tas-saħħa; b'leħen kiebi jsejjaħ:
"Missier! Missier!" u jieqaf bħal jistenna
it-tweġiba ta'dari. Ahi! ħadd ma jwieġeb
għajr il-fewġa lubiena li titniehed
ġos-siġar taċ-ċipress u qalb is-slaleb.

Bir-reżħa ġewwa qalbi, id-dlam ġo ħsiebi,
għalxejn naqbad it-triq bejn raba' u xagħri:
kollox sieket mal-plajja; ix-xemx imkeffna
ġo sħab imdardar tibki dmugħ ta' dwejjaq
fuq l-għera ta' l-art: ebda ħaxixa
niedja ma tħaddar; ebda ħoss ferrieħi
ta' ilma ħaj; il-Mewt qiegħda fuq kollox.

Nistaqsi: "Xinhi l-Mewt?" Minn ġo ħarruba
tasal il-għanja tal-bufula. Mgħaġġeb
indawwar ħarsti u nara lill-għasfura
ċkejkna tittajjar minn għasluġ għal ieħor
fuq ruħha, lventa, u fuq kull fergħa tgħanni.
"Fil-għera tal-ħarifa, taħt is-sema
iswed bi sħab li jibki, din il-għanja
ta' ferħ xi trid? Meta ġo qalbi jagħli
id-dmugħ u jaqbeż minn għajnejja u l-ebda
ħniena ma twieġeb għat-tnehida tiegħi,
xinhu li jgħaxxaq u bil-ferħ ixabba'
lil din il-ħlejqa li ma tafx dinja oħra
ħlief il-ħarruba u xiber art ma' dwarha?"

bereavement and tears, memories unconsoling,
why did you come into the world? What use is life,
since even in the sprout hidden in the roots
is nourished the worm of death? No sensible man
builds to pull down, paints loveliness to destroy it.

Now is mid-autumn. Ah, how my heart is unstrung
by the long lamentation incessantly echoing
in the acre of death! How many tears are choked
in the inscriptions graven on the cold tombs!
What flowers of life destroyed before their time!
You see a little boy wandering, clothed in black,
amongst the tombs, seeking the heart that once
leaped with happiness, that once shared with him
the joy of health; in a sorrowful voice he calls
"Father! Father!" and pauses, as if awaiting
the answer of long ago. Ah, nobody answers,
save for the languid breeze that softly sighs
among the cypresses and amidst the crosses.

With ice in my heart, darkness within my thought,
vainly I take the road between field and wasteland:
all is silent along the plain: the sun, shrouded
in murky clouds, weeps tears of misery
upon earth's nakedness: not a single blade
of dewy grass shows green, no joyous sound
of living water is heard; Death sits supreme.
I ask: "What is this thing Death?" From a carob-tree
comes the song of a wood-warbler. Amazed
I turn my gaze and descry the little bird
fluttering hither and thither from twig to twig
joyous, nimble, singing on every branch.
"In the nakedness of autumn, under a sky
black with clouds weeping, what is the meaning
of that song of joy? While from within my heart
the tears well, and leap from my eyes, and never
compassion makes answer to my lamentation,
what is it that enraptures and fills with joy
this tiny creature that knows no other world
but the carob-tree and a span of earth around it?"

Għaddiet fewġa qawwija: minn balluta
tfarfret u niżlet mingħajr ħoss titbandal
għamra ta' weraq isfar. L-art ħanina
laqgħethom bħallikieku biex tidfinhom
mal-mijiet u l-eluf li mietu qabel.
Iżda fuq dak il-friex ta' weraq mejjet
ħadra u sabiħa baqgħet tħaxwex l-għanja
tal-ħajja s-siġra, shiħa fuq ġenbejha,
dirgħajha miftuħin u fl-ajru safi
tmewweġ il-kotra ta' xuxitha. Rqiqa
bħal ħajta tal-ħarir u bħalha ratba
u mżewqa reġgħet ġiet iddoqq f'widnejja
mill-kenn ħadrani tal-balluta kbira
l-għanja ferrieħa tal-bufula. Mgħaxxaq
u f'ħin wieħed miblugħ, għajjatt: "Ewwilla
aħjar mil-bniedem li bi ħsiebu jirkeb
fuq il-kwiekeb u x-xmux u b'qalbu jħaddan
id-dawra tal-ħolqien hi l-werqa ċkejkna
li titwieled f'April u tmut f'Ottubru?
Egħref mill-bniedem dan l-għasfur li jgħanni
fuq il-ħerba tal-Mewt bla biża' tagħha?"

Leħen moħbi ċanfarni: "Kbira bosta
u mkabbra l-mistoqsija. Taħseb inti
li tista' tgħarrex fil-ħolqien u tifhem
in-nisġa tiegħu? Meta qatt il-baħar
sata' jinġabar f'qoxra ta'ġellewza,
jew ġo ħafna ta' id tidħol id-dinja?
Inti tal-bieraħ. Meta id l-Imgħallem
ħażżet fil-wisa' t-triq lix-xmux u 'l-kwiekeb
u xeħtithom bl-eluf jiġru, bejniethom
imwieżna u marbutin b'rabta ta' mħabba,
min kien xhud ta' għemilu? Iżernaq għada
u int ma tkunx: eluf ta' ħajjin oħra
miegħek jintemmu, iżda l-egħjun tal-Ħajja
ma jinxfu qatt, u tibqa' sejra n-nisġa
ta' ħajja u mewt, ta' ferħ, ta' lfiq u niket;
għax Min b'għaqal bla tarf ħaseb u sawwar

A strong breeze suddenly passed: a swaying bundle
of yellow leaves fluttered down from an oak
with not a whisper. The compassionate earth
received them as if it were to bury them
along with the hundreds and thousands that died before.
Yet over that carpet of dead leaves
still green and beautiful the tree rustled
a song of life, sturdy upon its thighs,
its arms flung open, and its thick tresses
swaying and surging in the clear air. Slender
as a thread of silk, and as variegated
and soft as silk, sounded again in my ears
out of the green shelter of the mighty oak
the joyous song of the wood-warbler. Entranced
and astonished all together, I cried:
"This tiny leaf which in April is born
and dies in October—is it not better
than man, who in his thought rides high
above the stars and the suns, and in his heart
embraces the whole circle of creation?
Is it not wiser than man, this bird that sings
over Death's desolation, without fear of Death?"

A hidden voice rebuked me: "Very great
and arrogant is the question. Do you think that you
can pry into creation and understand
the woven pattern of it? When could the sea
ever be gathered into the shell of a hazelnut,
or the world be held in a hollow palm?
You are of yesterday. When the Master's hand
traced out in space the path of the suns and stars
and flung them forth in their thousands to run, poised
each in its orbit, all bound by the bond of love,
who witnessed what He then wrought? Tomorrow shall dawn
and you will be no more; thousands of other lives
will end with yours, and yet the fountains of life
never run dry, still continues the weaving
of life and death, of joy and sighing and grief;
for He, who in infinite wisdom took thought and shaped

iż-żewqa kbira tal-ħolqien ra f'ħarsa
il-bidu, in-nofs u t-tmiem, u mħabbtu firex
bħala ġwienaħ wesgħin fuq kbir u ċkejken.
Tibża' u titnikket meta tara s-sema
mgħajjeb bi sħab sewdieni u xejn ma taħseb
illi 'l fuq minnu x-xemx tiddi f'miljitha.
L-Imħabba twaġġa': bint il-weġgħa l-hena
u bint il-mewt il-ħajja: tibqa' wħedha
'kk ma tmutx il-qamħa, u mill-uġigħ tal-ħlas
tagħraf il-hena l-omm ta' ħajja ġdida.
Għidli, ma tħossx ġo qalbek u ġo ruħek
xewqa li tisboq kull ma jroddu l-ħlejjaq,
xewqa ta' hena ta' bla tarf li jibqa'
wieqaf bla żmien u ħaj bla temma? Qiegħda
dik ix-xewqa ġo fik bħalma fil-qamħa
qiegħda moħbija s-setgħa tan-nebbieta
iżda l-fjur tagħha — fjur ta' ġid għal dejjem —
fil-ġonna tas-smewwiet ma jiftaħx f'lewnu
jekk qabel, fuq din l-art, ma tmutx imkasbra
iż-żerriegħa tal-ġisem: u mhux għaqli
tibki lill-qamħa u ma tifraħx biż-żbula."

Ilbitt. Ġo fija bdiet taħdita ħierqa
bejn ħsiebi u qalbi: l-wieħed bħal fuqani
iqum fuq qaddu u jiġbor l-għodda kollha
biex iħares il-jedd li ġieh mis-sura
ta' min jifhem u jrid. Iħoss il-Qawwa
barranija li taħkmu, tagħfsu, tirkbu,
iżd' hu qalil, jitkagħwex f'dik il-ħakma
iżjed minnu qalila u jixtieq jolqot
bil-għodda tar-raġuni d-driegħ mistoħbi
li b'ħafna tal-azzar iżommu taħtu.
"Mela ma tiswa xejn," jokrob, "il-Fehma
li titħaddet ġo ruħi: dawl bla dija
bħal ta' musbieħ-il-lejl; jidher fid-dlam
bla ma jsebbaħ madwaru u dlonk jintefa
malli jixgħel dawl ieħor. Daħk u frugħa
kull ma jistenna l-bniedem. Mela ħabbat,
ja qalb, ħabbat u egħja! Kull taħbita

creation's great variety, saw in a glance
beginning, middle and end, and outspread His love
like the wide wings of a swan over great and small.
You fear, and are sorrowful when you see the sky
shrouded in dark clouds, and do not reckon
that above the clouds the sun shines in its fullness.
Love inflicts pain: the daughter of pain is comfort
and the daughter of death is life: except it dies
the wheat tarries all alone, and through her travail
the mother knows the happiness of a new life.
Tell me, do you not feel in your heart and spirit
a yearning that outruns all creation can offer,
a yearning for infinite bliss that shall abide
timelessly true and endlessly living? That yearning
lies deep within you, even as in the wheat-grain
lies concealed the potency of the blade;
but its flower—the flower of everlasting joy—
shall not disclose its beauty in heaven's garden
except its seed, the body, first rots and dies
upon this earth: it is not reasonable
to weep for the grain and not rejoice in the ear."

I quailed. Within me began a fierce debate
between my thought and my heart: the one, as superior,
drew himself up and gathered all his armament
to defend the right deriving from the image
of one having reason and will. He feels a force
without himself ruling him, crushing and driving him;
though stern himself, he cowers beneath that rule
even sterner than he, and desires to parry
with the weapon of reason that well-hidden arm
which with a grip of steel presses him down.
"So it is unavailing," he sobs, "this Reason
that speaks within my spirit: light without life
like of some glow-worm, flickering in the darkness
but lighting naught about it and soon extinguished
as another light is kindled. Laughter and vanity
is all that awaits man. Wherefore beat on,
my heart, beat on and grow weary! Every beat

tgerrem dqiqa minn ħajtek: meta l-ħeġġa
tan-nervi li jħaddmuk, tad-demm li jsaħħnek
tintemm u inti tiskot, forsi nkunu
nafu x'hemm moħbi." —

                    Tniehdet l-oħra u kliemha
ħareġ niedi bid-dmugħ: "Id-dwejjaq tiegħi
inħosshom jikbru meta inti mdagħdagħ
tmewweġ bħal baħar u fuq xtuti jiġru
bħal żwiemel maħrubin il-ħalel tiegħek.
Jista' qatt il-miżien jiddaqqas f'siktu
jekk keffa tkun mimlija u l-oħra fiergħa?
Nitgħaxxaq bik meta, sultan qalbieni,
titfa' ħarstek dehnija fuq il-ħwejjeġ
ta' l-art u tas-smewwiet, u b'għaqal sieber
tiżen l-imgħoddi u mill-imgħoddi tobsor
il-ġdid li jista' jsir, u waħda waħda
tjassar għalik il-liġijiet tal-għaġeb
li tostor in-Natura: iżda jekk tinsa
is-sabiħ kollu tal-ħolqien, għax sħaba
tgħajjiblek naħa minnu, u tarmi ħajtek
għax jiddellel xi jum, jiena ninfileġ
u fuqi nħoss għaddej bħal nifs marradi.
Int mexxini bid-dawl tal-għaqal, jiena
nirfdek bil-qawwa tal-imħabba, u nirbħu. . . ."

Bħal id ta' omm għaddiet ratba fuq rasi
u smajt kliem sieber ta' twissija ħelwa:
"Kullħadd imsallab, għaliex Kristu msallab:
Hu ïl-mudell; u min fit-tjieba tiegħu
sawwar il-għaġeb tal-ħolqien u ħadem
f'ġisem il-bniedem dik in-nisġa mżewqa
ta' għadam, dgħif, għeruq u demm u nervi
li jwieġbu ħelu għall-amâr tar-rieda,
ħeba ġo dak it-trab żerriegħa ċkejkna
nebbieta tas-salib; u ma' kull ħajja
ta' bniedem tikber dik is-siġra mħattba
u twarrad għali, niket, dmugħ u dwejjaq
bla tarf, sakemm fuq dik il-għuda ħarxa
tintemm il-ħajja li nisslitha. Iżda

eats a moment of your life: when the fervour
of the nerves that serve you, the blood that warms you
comes to an end and you are silent, then haply
we shall know the secret."

                    The other sighed, and her words
came forth drenched with tears: "My tribulations
seem to augment in me when in your fury
you surge like the sea, and over my shore
your billows gallop like runaway horses.
Can the balance ever be justly poised
if one scale is full, while the other is empty?
I rejoice in you when, like a hero-king,
you cast your prudent glance over the things
of earth and heaven and with patient reason
weigh the past, and from the past prognosticate
what new may arise, and one by one
enslave to your will the wonderful laws
that Nature veils: but let you only forget
the whole beauty of creation, because a cloud hides
a part of it from you, and fling away your life
because one day is overcast, then I am paralysed
and feel as if some miasma is passing over me.
So guide me by the light of reason, and I
will sustain you with love's power, and we shall prevail."

A mother's soft hand seemed to pass over my head
and I heard the patient words of gentle counsel:
"Every man is crucified, because Christ was crucified:
He is the pattern; and He who in His goodness
shaped the miracle of creation, and fashioned
in the body of man this variegated weave
of bones, joints, tendons, blood and nerves
sweetly responsive to the commands of the will,
concealed within that dust a tiny seed
sprouting the Cross; and with every life
of mortal grows in greatness that huge tree
flowering with grief, sorrow, tears, distress
without end, till upon that cruel wood
the life that begat it is consummated. And yet

mhux għalhekk għandu l-bniedem jitlef għaqlu
u jħares ikreh lejn is-sema. Siġra
imsoqqija mill-għajn ta' ħniena kbira
is-siġra tas-salib, u mill-ward tagħha
jitnissel l-hena kbir ta' ħajja ħielsa.

Għarib il-bniedem fuq din l-art imtarrfa:
daru band'oħra fejn la tgerrem susa
anqas kâmla ma tiekol; fejn il-għala
u l-kif ta' kull ma hu u kull ma jiġri
jidher bla star fid-dawl li hu minn dejjem.
Iżjed la tistaqsix. Jekk trid ġo ħsiebek
is-sliema u l-hena ġewwa qalbek, emmen!"

Kif tagħmel qalb l-għoljiet ragħda qawwija
li tarġa' lura minn kull ġenb irdumi
u tidwi ġo widnejk, hekk reġgħet lura
minn kull tarf tal-Ħolqien dik it-twissija
u tenniet ġewwa moħħi: "Emmen! Emmen!"
"Emmen!" qalu s-Smewwiet fil-kobor tagħhom
u firxu quddiem ħarsti, f'lejl ta' safa,
bħal xmara twila ta' ħalib, bħal sħaba
ta' trab tal-fidda u magħha u ġewwa fiha
tleblib ta' kwiekeb, dawl ta' xmux u ġiri
ta' kometi maħruba u ħarsa kwieta
ta' pjaneti u ta' qmura. "Emmen! Emmen!"
tenniet l-Art, u bħal omm li tieħu 'l binha
ġo ħoġorha u bis-sabar ta' l-imħabba
tgħallmu ta' ktieb miftuħ il-ħżuż mitbugħa
u mill-ħżuż il-fehmiet ta' min kitibhom,
firxet quddiemi l-ġmiel li bħal sultana
ilibbisha u jagħniha. "Emmen! Emmen!"
għajjat b'leħen ta' ragħda l-Baħar wiesa'
u gerbeb fuq ix-xtut il-ħalel bojod
bir-ragħwa tad-dagħdiegħa: "Emmen! Emmen!"
tennieli, u rajtu, f'nofs in-nhar, imħeġġeġ
jidħak id-daħka safja ta' l-imħabba;
rajtu, mera bla nikta u mingħajr mewġa,
fi nżul ix-xemx, itenni sema jsaħħar
fejn ward u deh'b, rubini u lapislazzuli

not therefore shall a man lose hold of his reason
and stare hatefully at the sky. A tree
watered from the well of a great compassion
is the tree of the Cross, and of its flowers
is engendered the great joy of a life redeemed.

Man is a stranger in this exile of earth:
elsewhere his home is, where neither worm corrupteth
nor moth consumeth; where the Why and How
of all that is and all that shall come to pass
shows forth unveiled in everlasting light.
Question no further. If you desire peace
and joy in your thought and within your heart, believe!"

As a mighty thunderclap amid the heights
reverberates from every craggy cliffside
echoing in your ears, even so reverted
from every corner of creation that counsel
repeating within my brain: "Believe! Believe!"
"Believe!" spoke out the Heavens in their grandeur
spreading before my eyes, upon a clear night,
like a winding river of milk, like a cloud
of silver dust, and with it and all within it
a twinkle of stars, a light of suns, a coursing
of comets swift in flight, and a tranquil gaze
of planets and of moons. "Believe! Believe!"
the Earth repeated, and as a mother who takes
her son into her lap and with patient love
teaches him the printed gravings of an open book
and from the gravings the mind of him who wrote them,
Earth spread before me the beauty that queenlike
clothes and enriches her. "Believe! Believe!"
roared in a voice of thunder the broad sea
rolling over the shores its billows white
with the foam of a great wrath: "Believe! Believe!"
it repeated, and I saw it at noon, enflamed,
smiling the sweet, unsullied smile of love;
I saw it, a mirror unspotted, without a ripple
at the sun's setting, reflecting a magic sky
where rose and gold, ruby and lapis lazuli

kienu jinsġu bħal star li qatt sultana
fil-ħajr tal-kobor u fil-għatx taż-żina
ma setgħet toħlom; u fl-egħrien ta' qalbi
il-kelma tas-Smewwiet, ta' l-Art, tal-Baħar
baqgħet tidwi bħal arpa wara l-aħħar
messa tal-kordi minn idejn l-imgħallem.

Kif wieħed li fil-mixi jasal f'naħa
li t-triq tinferaq f'żewg fergħat u l-ebda
wiri ma jgħidlu liema t-tajba, jieqaf
u b'għajnejh u b'widnejh xewqan jistaqsi
jekk ewwilla fil-bogħ'd tidherx xi xbiha
ta' Dar il-Hena u jekk idoqqx xi leħen
ħabib li jgħidlu: "Din it-trejqa tiegħek",
hekk jiena wqaft ħosbien fuq dik ix-xewka
fejn tinferaq fi tnejn it-triq tal-Hajja,
it-triq tal-"Jien" u t-triq ta' "Lilhinn Minnu".
U jiena wkoll għarrixt biex nara liema
waħda minn dawk it-tnejn setgħet twassalni
fid-Dar tad-Dawl li Fehmti kienet tfittex,
fid-Dar tal-Hena, il-bejta minn ta' Qalbi.

Rajtu madwari l-ġmiel tar-raba' jħaddar
bis-siġar u l-ħaxix; smajt l-ilma jgelgel
it-tislima tas-saħħa u moħbi jgħanni
l-għasfur ferrieħi l-għanja tar-rebbiegħa;
'ma ftit lilhinn iċ-ċpar kiber u ħarsti
iddennset u fil-bogħ'd għemiet għal kollox.

Hassejtni ċkejken f'dak is-skiet ta' ħsiebi
quddiem kobor bla xtut imkebbeb f'satra
ta' lejl bla kwiekeb! Xtaqt li kieku nlebbet
lilhinn mid-dawl iż-żiemel tad-deħ'n tiegħi
u ninfed dak l-istar, nara x'hemm moħbi
f'dik is-saltna li ħadd ma raġa' minnha:
iżda ħitan tal-bronż li ebda saħħa
ma tista' ġġarraf, bi theddida ħarxa,
kienu hemm jgħollu rashom lejn is-sema
u jħaddnu x-xiber dawl li haw' madwarna.

were weaving together a veil such as no queen
in the exultation of grandeur, greedy for ornament
could ever have dreamed of; and in my heart's recesses
the words of the Heavens, the Earth, the Sea
echoed on like a harp after the last
touch of its strings, stroked by a master-hand.

As one who upon his journey reaches a point
where the road divides into two branches and no
signpost to tell him which is the right way, stands
and with his eyes and ears eagerly searches
whether in the far distance some semblance appears
of the Home of Joy, and if some voice of a friend
breaks the silence, telling him: "This is your way",
even so I stood, meditating upon that fork
where the road of Life divides into two,
the road of the Self and the road of Beyond.
And I also screwed up my eyes, to see
which of the two ways might bring me at last
to that Home of Light my Understanding had quested,
to that Home of Joy, the very nest of my Heart.

I saw about me the beauty of the fields, verdant
with trees and herbs; I heard the water gurgling
its greeting of health and, hidden from sight,
the happy bird singing the song of spring;
but a little further the mist thickened, and my sight
clouded, and in the distance wholly failed.

Very small I felt in that silence of my thought
before a shoreless immensity wrapped in the veil
of a starless night. I yearned only to gallop
beyond the light the steed of my understanding
and pierce that veil, and see what lay concealed
in that realm from which no traveller returns:
but ramparts of bronze that not the doughtiest strength
could ever throw down, rearing in deadly menace
yonder lifted their turrets towards the sky
hugging the span of light that encompassed us.

Ħassejtni ċkejken (għad li l-Jien ġo ħsiebi
kien għadu jbaqbaq u jgħid kliem imqareb),
ħassejtni ċkejken bħal ma jħossu tfajjel
mitluf minn ommu, u demgħa ċkejkna niżlet
siekta tiżżerżaq ma' ħaddejja. Ħsiebi
inġabar fih innifsu u bħal ma jgħaddi
misjuq mill-Majistral is-sħab imqatta'
li jdellel l-art u jgħajjeb il-ġmiel tagħha,
hekk minn fuq ruħi bdiet għaddejja ħiemda
damma ta' tifkiriet li kienu ħajti,
u tefgħu dell mifluġ fuq l-art ta' qalbi.
U qalbi tniehdet: "Oh sahriet xitwija,
li għaddejt waħdi ġo kamarti naħseb
u nikteb dak li ħsibt, — nikteb u nħassar
u narġa' nikteb biex fil-kelma tidher
safja s-sura ta' ħsiebi, — mela ħolma,
ħolma qarrieqa kienet dik il-wegħda
ta' hena u ġid li għamiltuli darba:
kollox jintemm qasir; kollox ħuġġieġa
ta' ward li jiftaħ maż-żerniq filgħodu,
ilellex f'nofs in-nhar u jbaxxi rasu
biex imut filgħaxija! Oh frugħa fiergħa
ta' ġid, ta' għerf, ta' kobor, u ta'...Mħabba..."

Waqaft. Sabiħa fil-ġmiel kollu tagħha
dehret quddiemi x-xbiha t'ommi. Ħelwa
kienet id-daħka fuq xofftejha; ħelwa
id-dija rżina ta' ħarsitha; ħelu
dak wiċċha qamħi taħt il-kotra bajda
ta' dlielha bellusin: u jien ħabbejtha
lil din ix-xwejħa fl-hena ta' tfuliti,
fil-milja tar-ġulija u għadni nħobbha
bil-qawwa kollha li tagħtini qalbi,
għalkemm siekta fid-dlam ta' qabar ċkejken.
Le, l-Imħabba ma tmutx! L-Imħabba tisboq
kull żmien, u tofroq dik is-satra sewda
li taħkem 'il ftit dawl li haw' madwarna:
għax, jekk min sawwar din il-qalb, u fiha
kebbes xewqat akbar miż-Żmien u l-Wisa',

Very small I felt (though still the Self in my thought
went on fretting, uttering importunate words),
very small I felt, even as a little child feels
astray from his mother, and a tearlet slowly
and silently stole down my cheek. My thought
gathered itself inwardly, and as a cloud
torn to ribbons, driven by the mistral runs
a shadow over the earth shrouding her beauty,
so quietly over my spirit began to pass
a mass of memories that made up my life
casting a paralysing shadow on my heart's ground.
And my heart sighed: "O wintry watches
which I passed alone within my chamber, thinking
and writing what I thought—writing and cancelling
and writing again, that in my words might show
clearly the shape of my thought—then it was a dream,
nothing but a deceitful dream, the promise
of wealth and happiness made me once long ago:
all things end shortly; all things are but the flame
of a rose that opens in the morning with the dawn,
glitters brightly at the noonday, and droops its head
to die in the evening. O empty vanity
of wealth, of wisdom, of grandeur, and of...Love."

I paused. Beautiful in all her loveliness
the image of my mother appeared before me.
Sweet was the smile upon her lips; sweet
the quiet radiance of her gaze; sweet
the corn-brown countenance under the white abundance
of her velvet tresses: and I loved her,
that old lady, in the joy of my childhood
and the fullness of my manhood, and still I love her
with all of the strength that my heart yields,
though silent in the darkness of a narrow grave.
No, Love does not die! Love outruns
all time, and parts asunder the black veil
curbing the little light that encompasses us:
for truly, if He who shaped the heart, and in it
kindled yearnings greater than Time and Space

jiċħdilha t-temma, jiċħad lilu nnifsu,
u mhux ħabib tas-Sewwa. Għidli, j'ommi,
tmut l-Imħabba bil-Mewt? jew bħalma jagħmel
farfett li jħalli l-fosdqa fl-art u joħroġ
jittajjar ħieles taħt ix-xemx ta' Mejju,
tħalli l-Imħabba t-trab fejn kienet tgħammar
u fis-sħana ta' Xemx li qatt ma tikfes
tibqa' dejjem tithenna? Għidli, j'ommi,
li għadek tħobbni kif ħabbejtni dejjem,
li għad iżernaq jum ta' ferħ, ta' dija,
u qalbi u qalbek imsoffija bl-ilma
ta' ħniena kbira, isiru fjamma waħda
fin-nar ta' Mħabba ta' bla tarf sabiħa!

Ġiet fewġa friska tilgħab fuq ħaddejja
li xerrditli ma' ġismi bħal tferfira
safja ta' hena. Oh! kemm irwejjaħ ħelwa
kienet ġabret mil-ġonna dik il-fewġa!
Fil-waqt, mal-plajja, fuq il-ħaxix aħdar
ħuġġieġa ward, fid-daqs, fil-lewn imżewwaq,
kollu sidru miftuħ u qalbu tlellex
bi trab tad-deheb, kien donnu qed jistieden
lil min ibusu; u bħal miġbud mill-ħlewwa
ta' l-istedina rajt in-naħal bieżel
jgħaddes rasu xewqan f'sider il-fjuri
u jiġbor l-għasel u minn fjur għal ieħor
iġorr it-trab tad-deh'b. Fuq ħajt ta' dwejra,
ftit il-bogħ'd minni, żewġ ħamien tal-barr,
bħalkieku mxaħxaħ f'dik id-dija fietla
tax-xemx ħanina, kien jitbewwes f'ħolma
ta' xi bejta fil-blat fejn ebda regħba
ma tasal kiefra, anqas ta' riħ jew xita
ma tiżżarġan il-qilla; u fuq ix-xtajta
tal-baħar ikħal daqs in-nir kont tisma'
tħaxwex mewġa lubiena, bħal żegħila
li dan il-Qawwi jaf fil-jum tas-sliema
jagħmel lill-Omm li qatt ma tegħja trabbi.

Xi waqt ir-Rieda donnha tkun lubiena
u taħkem aktar minnha l-Fantasija.

denies it fulfilment, He denies Himself
and is no friend of Truth. Tell me, my mother,
does Love die with Death? Or is it like a butterfly
that leaves its chrysalis behind on the earth
emerging to flutter free under the sun of May?
Does Love leave the dust that was its dwelling
and in the warmth of the Sun that is never eclipsed
rejoice for ever and ever? Tell me, my mother,
that you still love me as you always loved me,
that yet shall dawn a day of joy, of splendour,
and my heart and your heart, washed clean in the water
of a great compassion, shall become a single flame
in the fire of a radiant, everlasting Love.

A cool breeze came playing over my cheeks
flooding my body as it were with a pure
shiver of joy. O, what multitude of sweet scents
that breeze had gathered out of many gardens!
While all along the shore, over the green grasses
a blaze of flowers, various in size and hue,
each with its breast unbared, its heart gleaming
with golden dust, seemed as if to be inviting
any to kiss them; and as though drawn by the sweetness
of the invitation, I saw the active bees
plunging their heads eagerly in the flowers' breast,
gathering the honey and then from flower to flower
drawing the golden dust. On the wall of a cottage
a little way off from me two wild pigeons sat
as if hypnotized in the warm radiance
of the kindly sun, sat kissing in a dream
of some nest in the rocks where never cruel
cupidity might reach, nor the surging fury
of the wind or the rain; and over the shore
of the sea blue as indigo you might hear
the lapping of a languid wave, a caress
given by that Mighty One on a day of peace
to the All-Mother who never wearies of bearing.

Sometimes the Will seems to be languid awhile
ruled by a Fantasy that is stronger than it.

Hekk ġrali jien: misruq mid-dehra kbira
ta' l-Imħabba li tħaddan lin-Natura,
mingħajr ma kont naf sewwa x'qiegħed nagħmel,
arfajt għajnejja 'l fuq, idejja ltaqgħu
swaba' ma' swaba' u bħal ma jagħmel tfajjel
meta tmissu l-id t'ommu, nżilt qajl qajla
għarkobtejja fuq l-art ħadra bin-nifel.

Siket il-"Jien" ġo fija bħal ma jiskot
xi drabi l-Majistral wara li jheżheż
lis-siġar minn għeruqhom u bi sħaba
ta' trab imtajjar mit-triqat igħajjeb
l-ikħal safi ta' l-ajru; u kif mal-waqgħa
tar-riħ fuqani tarġa' tagħmel dlielha
il-balluta godlija u jarġa' jtalla'
rasu ċ-ċkejkna l-ħaxix li kien infirex,
hekk, kif siket il-Jien, fuq moħħi u qalbi
ġiet il-fewġa tas-Sliem, u firxu dlielhom
il-fehmiet tajba u ġewwa sidri tħarrku
ferrieħa t-tqanqiliet ta' safa u benna.

Qomt mill-art bħal mibdul fi bniedem ieħor:
ħassejt ġo sidri t-tjieba tat-tfulija
u bħal tifel għajjatt: "Aħfirli, j'ommi!
Aħfirli, j'omm! Int biss kont għidtli s-sewwa.
Kelli d-dalma fuq ħsiebi u l-mewt ġo qalbi
għax ridtu minni d-dawl u minni l-hena.
Kont għidtli kelma: 'L-Jien għadu tas-Sema,
u s-Sema ma jwiġbux', u jiena nsejtha;
ridt li l-Kbir jaqdi 'ż-żgħir, u fil-Jien tiegħi
ġbart il-jedd tal-Ħolqien u d-Disinn t'Alla.
Issa qed nara: nifhem kif il-werqa
għandha tidbiel, tisfar u fl-aħħar taqa'
biex tibqa' ħajja s-siġra u tibqa' ħadra.
Jien bkejt lill-werqa u xejn ma ħsibt fis-siġra.
Issa qed nifhem it-twissija tiegħek:
'Iżjed la tistaqsix; jekk trid ġo ħsiebek
is-sliema u l-hena ġewwa qalbek, emmen.'"

Nemmen. Kelma qalila imma sabiħa:
ċaħda tal-"Jien" u l-akbar wetqa tiegħu.

So it happened with me: rapt by the great
epiphany of Love embracing Nature,
not witting in verity what I was doing
I lifted my eyes, my hands met together
finger with finger, and as a little child
when touched by his mother's hand, I sank slowly
upon my knees, on the earth verdant with lucerne.

The Self grew silent within me, as suddenly hushes
at times the mistral after it has shaken
the trees from their very roots and with a cloud
of dust sent flying from the streets hidden
the clear blue of the ether; and as with the dropping
of the high wind the sturdy oak once more
makes her tresses and once more the grasses
that were laid low lift up their tiny heads,
so, when the Self grew silent, the breath of Peace
wafted over my mind and heart, and pure thoughts
spread their tendrils, and in my breast were stirred
happy motions of serenity and delight.

I rose from the earth as if changed to another man:
I felt within my breast the meekness of childhood
and as a child I cried: "Forgive me, my mother!
Mother, forgive me! You only told me the truth.
Darkness covered my thought, death was in my heart
because I sought in my self light and happiness.
These were your words: 'Self is the enemy of Heaven
and Heaven answers it not'; but I forgot them;
I desired the Great to serve the small; in my Self
I gathered Creation's right and God's Design.
But now I see: I understand how the leaf
must needs wither, grow pale and finally fall
that the tree may remain living and verdant.
I wept for the leaf, and did not think of the tree.
But now I understand the counsel you gave me:
'Question no further. If you desire peace
and joy in your thought and within your heart, believe.'"

I believe—a hard but a beautiful word:
denial of the Self, and its greatest confirmation.

Għaliex jekk kullma nafu 'l barra minna
emminnieh lilna nfusna u lil ħaddieħor
u f' dik l-emmna wettaqna l-fehma tagħna,
l-akbar wetqa tal-Jien Int biss, Mulejja;
għax fiergħa l-kelma tal-bnedmin u tbiddel,
u l-għerf li lbieraħ kien imexxi d-dinja
kellu l-lum jarġa' lura fuq mixjitu:
Imm' Inti ma tbiddiltx, u l-kelma tiegħek
għadha tinsama' l-lum sħiħa u widdieba
bħalma nsemgħet fil-bidu, u tibqa' tidwi
fuq il-ħerba taż-żmien, sakemm fis-sema
tibqa' sultana x-xemx u taħtha tibqa'
tħabbat xi qalb. O! jiena qed nismagħha,
Mulejja, il-kelma tiegħek, qed nismagħha
titħaddet ġewwa qalbi u ġewwa ħsiebi
b'dik il-ħlewwa li tiġbed, b'dik il-qawwa
li tirbaħ bla ma tgħakkes, b'dik it-tjieba
li taf Qalb ta' Missier għal ibnu ċ-ċkejken.

Issa jien ma jien xejn, għax għaraft lilek,
Mulej, li Inti kollox. Kif il-baħar
iħaddan l-art, hekk Inti tħaddan lili,
u jien mitluf ġo fik; Int biss il-Bidu,
Int biss it-temma, id-Dawl, il-Ġid, il-Hena
ta' kullma jien: fik biss il-Kif u l-Għala
ta' kullma sar, ta' kullma jsir ġo fija,
ta' li jiġri madwari: u kif fuq mera
id-dawl jaħdem ix-xebħ ta' min iħares
u x-xebh ikun id-dawl; hekk jien, Mulejja,
fik nara x-xbiha tiegħi bħal fi ħġieġa
safja bla nikta, u dik ix-xbiha ħajja
mhix ħlief id-dawl li wiċċek jixħet fuqi.
Fieragħ mingħajrek u għaddieni l-bniedem;
imm' Int sawwartu hekk, sabiex tkun tista'
timlieh u twettqu fik innifsek, terfgħu
mid-dlam tal-mewt għad-dawl ta' ħajja kbira:
għax kif jaħdem skultur mudell fit-tafal,
u ħsiebu jkun fil-Bronż li jiġi wara,
hekk Int ħdimt l-ewwel bniedem — trab mewwieti —

For if whatever we know without ourselves
we have believed of ourselves or of another
and in that faith confirmed our understanding,
Thou, Lord, art the Self's greatest confirmation alone;
for the words of men are empty and variable,
and the knowledge that yesterday guided the world
today has been constrained to retrace its steps:
but Thou changest not, and still Thy word
is heard today perfect and true in counsel
as it was heard in the beginning, and shall echo
still over the ruin of time, so long as in heaven
the sun continues to reign, and under it
still beats a single heart. Ah, I can hear it,
O Lord, I can hear Thy word, yes, I can hear it
speaking within my heart and within my thought
with that ravishing sweetness, with that strength
which prevails without oppressing, with that goodness
the Heart of a Father knows for his little son.

Now I am nothing more, for I have known Thee,
O Lord, that Thou art all things. Like as the sea
embraces the earth, so Thou embracest me,
and I am lost in Thee; Thou alone art the Beginning,
Thou alone the End, the Light, the Wealth, the Joy
of all that I am; in Thee only the How and Why
is found of all that was and will be within me,
of all that passes around me: and as in a mirror
the light fashions the image of him who looks
and the image is the light, so I, O Lord,
in Thee behold my likeness as in a glass
pure and spotless, and that living likeness
is but the light Thy countenance casts upon me.
Man without Thee is empty and transitory;
but Thou shapedst him thus to the end that Thou
shouldst fulfil and confirm him with Thyself, raise him
from Death's darkness to the light of a great life:
for as a sculptor modelling in the clay
has in his thought the Bronze that shall come after,
so Thou didst fashion the first man—mortal dust—

waqt li ħarstek fil-bgħid kienet titgħaxxaq
bi Bniedem ieħor, l-isbaħ xogħ'l ta' driegħek,
kbir daqsek fi ċkunitu. U Inti rajtu
lil dan il-Bniedem, bħal misħut imsallab,
fuq demm il-Ħtija jxerred demm il-Maħfra,
biex jekk, nisel id-Dnub, daħlu fid-dinja
il-Mewt u n-Niket, fuq il-Mewt u n-Niket
jidħlu, nisel il-Ħajr, il-Ħajja u l-Hena.

Issa mexxini Int, ja Dawl tas-Sema,
biex ma narġax fil-għama ta' kburiti;
rażżan ġo fija l-"Jien", l-għadu tas-Sewwa,
biex miegħi tgħammar Int: imxejt biżżejjed
fid-dlam, intektek bil-għaslug ta' ħsiebi,
fuq triq imwiegħra, fejn il-Mewt tittawwal
minn kull xifer ta' rdum; xerridt biżżejjed
dmugħ mingħajr faraġ, waqt li t-talba tiegħi
kienet tidwi bla tama ġewwa qalbi,
għax ġwienaħ ma kellhiex biex tifred l-għoli.
Issa mexxini Int, għax fik biss nagħraf
il-Għajb tal-"Jien" u l-Ġmiel ta' "Lilhinn Minnu".

DEI SEPOLCRI[1]

All'ombra de'cipressi e dentro l'urne
confortate di pianto è forse il sonno
della morte men duro? Ove più il Sole
per me alla terra non fecondi questa
bella d'erbe famiglia e d'animali,
e quando vaghe di lusinghe innanzi
a me non danzeran l'ore future,
nè da te, dolce amico, udrò più il verso
e la mesta armonia cho lo governa,
nè più nel cor mi parlerà lo spirto
delle vergini Muse e dell'Amore,
unico spirto a mia vita raminga,
qual fia ristoro a' dì perduti un sasso

while Thy gaze far distant was rejoicing
in another Man, the fairest work of Thy hands,
in his smallness great as Thou. And Thou beheldest
that very Man, as accursed and crucified,
shedding on Sin's blood the blood of Forgiveness,
that if Death and Sorrow, offspring of Sin,
entered the world, Life and Joy, offspring
of Good, should enter it, vanquishing Death and Sorrow.

Be Thou my guide henceforward, Light of Heaven,
that I may never return to my pride's blindness;
bridle in me the Self, enemy of Truth,
that Thou mayest dwell in me; too long I have walked
in darkness, tapping with the stick of my thought
over a tangled path, where Death peeps out
from every precipice edge; too long I have shed
tears that brought no relief, while that my prayer
echoed on hopeless within my heart;
because it had not wings to cleave the heights.
Be Thou my guide, for in Thee alone I know
the Blemish of Self, the Beauty of the Beyond.

L-OQBRA[1]

Fid-dell tas-siġar taċ-ċipress; ġo l-oqbra
bid-dmugħ imfarrġa tgħid hi anqas iebsa
tal-Mewt ir-raqda? Meta x-xemx utieqa
fuq l-art għalija ma trabbix dil-ħarġa
sbejħa ta' ħxejjex u ta' bhejjem; meta
is-sigħat li ġejjin ma jersqux lejja
bil-ħajr ta' bniet mehdija f' żifna u anqas
ma nżid nisma' minn għandek, ħabib ħelu,
il-vers li jdoqq u jibki f'għanja rżina,
anqas ġo qalbi ma tkellimni iżjed
ir-Ruħ tal-Poëżija u ta'l-Imħabba,
— ruħ li baqagħli għal din ħajti mxerrda, —
x'tiswieli ħaġra li tagħzilli għadmi

che distingua le mie dalle infinite
ossa che in terra e in mar semina morte?
Vero è ben, Pindemonte! Anche la Speme,
ultima Dea, fugge i sepolcri; e involve
tutte cose l'obblio nella sua notte;
e una forza operosa le affatica
di moto in moto; e l'uomo e le sue tombe
e l'estreme sembianze e le reliquie
della terra e del ciel traveste il tempo.

Ma perchè pria del tempo a sè il mortale
invidierà l'illusïon che spento
pur lo sofferma al limitar di Dite?
Non vive ei forse anche sotterra, quando
gli sarà muta l'armonia del giorno,
se può destarla con soavi cure
nella mente de' suoi? Celeste è questa
corrispondenza d'amorosi sensi,
celeste dote è negli umani; e spesso
per lei si vive con l'amico estinto
e l'estinto con noi, se pia la terra
che lo raccolse infante e lo nutriva,
nel suo grembo materno ultimo asilo
porgendo, sacre le reliquie renda
dall'insultar de' nembi e dal profano
piede del vulgo, e serbi un sasso il nome,
e di fiori odorata arbore amica
le ceneri di molli ombre consoli.

Sol chi non lascia eredità d'affetti
poca gioia ha dell'urna; e se pur mira
dopo l'esequie, errar vede il suo spirto
fra 'l compianto de' templi acherontei,
o ricovrarsi sotto le grandi ale
del perdono d'Iddio: ma la sua polve
lascia alle ortiche di deserta gleba
ove nè donna innamorata preghi,
nè passeggier solingo oda il sospiro
che dal tumulo a noi manda Natura.

minn l-eluf ta' l-eluf li l-Mewt idderri
fuq l-art u f'qiegħ il-baħar? Għaliex minnu,
o Pindemonte, illi t-Tama, l-aħħar
dija li tmut, taħrab ukoll minn l-oqbra:
u l-ħwejjeġ kollha tkebbeb in-Nessejja
fid-dalma tagħha, u qawwa li ma tegħja
tkiddhom sikwit; u l-bniedem, l-oqbra tiegħu
u l-aħħar sura u l-aħħar fdal imħarbat
tas-smewwiet u ta' l-art biż-żmien jitbiddlu.

Iżda qabel il-waqt, għaliex il-bniedem
lilu nnifsu jmur jiċħad dik il-ħolma
li twaqqfu, wara l-mewt, fil-bieb ta' Dite?
Ma jgħixx ukoll fil-ħdan ta' l-art, jekk, meta
ikun siket għalih il-ġmiel tal-ħajja,
jista' bi ħsibijiet ħelwa ta' ħniena
inissilha f'moħħ niesu? Bint is-sema
hi din in-nisġa ta' ġibdiet ta' mħabba;
għoti tas-sema lill-bnedmin: u biha
bosta drabi ħabib mejjet jgħix magħna
u aħna mal-midfun, jekk l-art ħanina,
li laqgħetu tarbija u li rabbietu,
fil-ħdan tagħha ta' omm tħejjilu l-aħħar
għamara ċkejkna u itwennislu fdalu
mill-ħsarat ta'l-irwiefen u mir-rifsa
ta' saqajn ħorox: u daqsxejn ta' ġebla
tfakkarna f'ismu, u siġra mwarrda tfarraġ
bid-dell tagħha ħanin 'ir-rmied tal-mejjet.

Biss dak li ma jħallix xi wirt ta' mħabba
ftit jithenna bil-qabar; u jekk ħarstu
jixħet lilhinn mill-kefen, jara 'l ruħu
tiġġerra qalb ix-xhir fl-għerien mudlama
ta' Akeronti, jew tinġabar siekta
taħt il-ġwienaħ wesgħin tal-maħfra t'Alla:
iżda jħalli l-ftit trab li jibqa' minnu
lill-ħurrieq illi jiżgħad f'art imtarrfa
fejn ebda mara li taf tħobb ma titlob,
anqas għarib għaddej waħdu ma jisma'
il-lfiq li mill-imwiet trodd in-Natura.

Pur nuova legge impone oggi i sepolcri
fuor de' guardi pietosi, e il nome a'morti
contende. E senza tomba giace il tuo
sacerdote, o Talìa, che a te cantando
nel suo povero tetto educò un lauro
con lungo amore, e t'appendea corone;
e tu gli ornavi del tuo riso i canti
che il lombardo pungean Sardanapàlo,
cui solo è dolce il muggito de' buoi
che dagli antri abdùani e dal Ticino
lo fan d'ozi beato e di vivande.
O bella Musa, ove sei tu? Non sento
spirar l'ambrosia, indizio del tuo Nume,
fra queste piante ov'io siedo e sospiro
il mio tetto materno. E tu venivi
e sorridevi a lui sotto quel tiglio
ch'or con dimesse frondi va fremendo
perchè non copre, o Dea, l'urna del vecchio
cui già di calma era cortese e d'ombre.
Forse tu fra plebei tumuli guardi
vagolando, ove dorma il sacro capo
del tuo Parini? A lui non ombre pose
tra le sue mura la città, lasciva
d'evirati cantori allettatrice,
non pietra, non parola; e forse l'ossa
col mozzo capo gl'insanguina il ladro
che lasciò sul patibolo i delitti.
Senti raspar fra le macerie e i bronchi
la derelitta cagna ramingando
su le fosse e famelica ululando;
e uscir del teschio, ove fuggìa la Luna,
l'upupa e svolazzar su per le croci
sparse per la funerea campagna,
e l'immonda accusar col luttuoso

Amar ġdid, ma' dan kollu, il-lum iwarrab
l-oqbra mill-ħarsa ta' l-iħbieb u jiċħad
l-isem lill-midfunin. U mingħajr qabar
qiegħed is-saċerdot tiegħek, Thalija,
illi, hu u jgħannilek, f'daru ċ-ċkejkna,
b'imħabba li ma tmutx, rawwamlek randa
u kien iqegħ'dlek kliel, u Int il-għana
kont issebbaħlu b'dik id-daħka rqiqa
li ħelu tnigges lill-Għażżien imhejjem
tal-Lombardija, hieni biss jekk jisma'
il-għajta ta' l-ifrat illi mill-wileġ
fuq l-Adda wit-Tiċin kienu j'tuh xaba'
ta' ikel u ta' qgħad. Oh Muża ħelwa,
għidli, fejn int? Ma nħossx mal-fewġa tilgħab
il-Fwieħa safja, għelma ta' Qdusitek,
qalb dawn is-siġar fejn bil-qiegħda waħdi
nitniehed għal dar ommi. U int kont tiġi
u titbissimlu hemm taħt dak it-tilju
li b'xuxtu mdendla, donnu qed jiddagħdagħ
għaliex, oh Alla, ma jgħattix il-qabar
ta' dak ix-xwejjaħ li hu kennen darba
fid-dell tar-rimi u kien jagħnih bis-sliema.
Jaqaw bejn l-oqbra tal-fqajrin int qiegħda
tiġġerra u tgħarrex fejn ir-ras hi rieqda
ta' ħaninek Parini? Ebda żegħila
ta' xi siġra dellija ma qegħditlu
ġewwa ħitanha l-belt li kienet tiegħu,
il-belt, ħajjara żienja ta'għannejja
illi jarmu rġulithom: ebda ħaġra,
ebda kelma: u aktarx b'rasu maħsuda
għadmu jdemmemlu xi ħalliel li telaq
ħtijietu fuq il-forka. Tisma' tħarbex
qalb ir-rdum u l-għollieq kelba mitlufa
u tiġġerra fuq l-oqbra mġewħa u tgħawwi:
u tilmaħ ħierġa minn ġo ras ta' mejjet
fejn tistaħba mill-qamar, mill-għasfura
ta' bil-lejl u tittajjar fuq is-slaleb
miżrugħa 'l hawn u 'l hinn fuq art l-imwiet,
u tgħajjeb il-moqżieża b'karba mnikkta

singulto i rai di che son pie le stelle
alle obbliate sepolture. Indarno
sul tuo poeta, o Dea, preghi rugiade
dalla squallida notte. Ahi! su gli estinti
non sorge fiore, ove non sia d'umane
lodi onorato e d'amoroso pianto.

Dal dì che nozze e tribunali ed are
dier alle umane belve essere pietose
di sè stesse e d'altrui, toglieano i vivi
all'etere maligno ed alle fere
i miserandi avanzi che Natura
con veci eterne a sensi altri destina.
Testimonianza a' fasti eran le tombe,
ed are a' figli e uscian quindi i responsi
de' domestici Lari, e fu temuto
su la polve degli avi il giuramento:
religion che con diversi riti
le virtù patrie e la pietà congiunta
tradussero per lungo ordine d'anni.
Non sempre i sassi sepolcrali a' templi
fean pavimento; nè agli incensi avvolto
de' cadaveri il lezzo i supplicanti
contaminò; nè le città fur meste
d'effigiati scheletri: le madri
balzan ne' sonni esterrefatte, e tendono
nude le braccia su l'amato capo
del loro caro lattante onde nol desti
il gemer lungo di persona morta
chiedente la venal prece agli eredi
dal santuario. Ma cipressi e cedri
di puri effluvi i zefiri impregnando
perenne verde protendean su l'urne
per memoria perenne, e preziosi
vasi accogliean le lacrime votive.
Rapian gli amici una favilla al Sole

lid-dawl tal-kwiekeb illi bih jitwennsu
l-oqbra minsija. Fuq il-Għannej tiegħek
għalxejn, ja Muża, titlob difa u nida
minn għand id-dalma xħiħa. Ah! fuq il-mejjet
ma tinbetx warda, jekk lill-qabar tiegħu
la nies ma tweġġeh, anqas dmugħ ma jxarrab.

Minn mindu Żwieġ u Liġijiet u Artali
nisslu f'qalb il-bnedmin ħorox xi ħniena
lejhom infushom u lejn għajrhom, warrbu
mill-ajru mniġġes lill-ħajjin, u wennsu
mis-snien ta' bhejjem kiefra l-fdal imsejken
illi n-Natura b'newba mingħajr heda
tbiddel u taħdem f'suriet oħra. Xhieda
ta' ġieħ u kobor kienu l-oqbra u mqades
għall-ulied: u minn hemm kienu joħorġu
tal-Ħarsien ta' l-idjar l-ilħna widdieba,
u kienet tbażża' l-ħalfa, jekk magħmula
fuq it-trab ta' l-imwiet: reliġjon safja
li Mħabba tal-Pajjiż u Ġieħ tan-Nisel
issa f'għamla, issa f'oħra, iddew għal medda
twila ta' snin. Mhux dejjem uċuh l-oqbra
kienu l-qiegħa tal-knejjes: anqas dari
ma kienet tniġġes, mal-libien imħallta,
l-intiena tal-katavri 'n-nies miġbura
fit-talb: u ma kinux l-ibliet imgħajba
bin-naqx ta' oqfsa ta' mejtin. Minn ngħashom
iqumu mwerwra l-ommijiet u jmiddu
dirgħajhom mikxufin fuq il-maħbuba
ras tat-tarbija, biex ma jkunx ewwilla
li tqajjimha xi karba twila twila
ta' mejjet illi jitlob lill-werrieta
iħallsulu xi ħniena mis-Santwarju.
Iżda ċipressi u ċedri li 'l-fewġiet
jgħabbu bi rwejjaħ safja, kienu jmiddu
fuq l-oqbra ħdura dewwemija, bħala
tifkira li ma tmutx, u kwies ta' għożża
kienu jilqgħu d-dmugħ bħal ħaġa mqaddsa.
Mix-xemx l-iħbieb kienu jisirqu xrara

a illuminar la sotterranea notte,
perchè gli occhi dell'uom cercan morendo
il Sole; e tutti l'ultimo sospiro
mandano i petti alla fuggente luce.
Le fontane versando acque lustrali
amaranti educavano e viole
su la funebre zolla; e chi sedea
a libar latte e a raccontar sue pene
ai cari estinti, una fragranza intorno
sentia qual d'aura de' beati Elisi.
Pietosa insania che fa cari gli orti
de' suburbani avelli alle britanne
vergini dove le conduce amore
della perduta madre, ove clementi
pregaro i Geni del ritorno al prode
che tronca fe' la trionfata nave
del maggior pino, e si scavò la bara.
Ma ove dorme il furor d'inclite geste
e sien ministri al vivere civile
l'opulenza e il tremore, inutil pompa
e inaugurate immagini dell'Orco
sorgon cippi e marmorei monumenti.
Già il dotto e il ricco ed il patrizio vulgo,
decoro e mente al bello italo regno,
nelle adulate reggie ha sepoltura
già vivo, e i stemmi unica laude. A noi
Morte apparecchi riposato albergo,
ove una volta la fortuna cessi
dalle vendette, e l'amistà raccolga
non di tesori eredità, ma caldi
sensi e di liberal carme l'esempio.

A egregie cose il forte animo accendono
l'urne de' forti, o Pindemonte; e bella
e santa fanno al peregrin la terra
che le ricetta. Io quando il monumento

biex isebbħu taħt l-art il-lejl tal-qabar,
għax waqt il-mewt lix-xemx sabiħa jfittxu
il-għajnejn tal-bnedmin, u minn kull sider
toħroġ għad-dawl maħrub l-aħħar tnehida.

Il-egħjun, billi jxerrdu ilmijiet safja,
kienu jrabbu qatigħ bellus u vjoli
fuq it-trab ta' l-imwiet: u min bil-qiegħda
kien iroxx il-ħalib, u b'qalbu f'idu
jitħaddet għommtu ma' l-egħżież li marru,
kien ihoss, hemm ma' dwaru, fwieħa ħelwa
bħal ta' fewġa li tasal mill-Eliżi.

Ġenn dan ta' mħabba li bil-bosta jsebbaħ
fil-għajnejn tax-xebbiet ingliżi l-ġonna
barra mill-ibliet, qalb l-oqbra, fejn tiġbidhom
xewqa ta' omm mitlufa: fejn ħanina
raħħmu li jkunu ïl-Ħarsien għar-reġgħa
ta' dak il-Qawwi li mill-akbar arznu
ċaħħad il-ġifen misbi u hejja l-kefen.

Iżda fejn ta' għamil qalbieni u xieraq
torqod il-ħeġġa u jaħkem fuq il-ħajja
ta' tajfet il-Pajjiż il-Għana u l-Biża
wirjiet fiergħa u xbihat il-waħx, isulu
kolonni maħsudin u rħam fuq l-oqbra.

Tara l-għajnejn: il ġġajta tal-għorrief,
tal-għonja u tal-kbarat — għaqal u żina
tas-Saltna sbejħa ta' l-Italja — m'n issa,
f'għamajjar sultanin, fejn il-foħrija
mal-qerq tiżżewweġ, qiegħda ġa midfuna
ħajja u ġieh iehor ma għandhiex ħlief l-arma.

Għalina tħejji l-mewt għamara kwieta
fejn sa fl-aħħar ta' dawk li x-xorti bieset
il-ħruxija tintemm, u l-ħbieb jaqilgħu
mhux wirt ta' ġid, iżda tqanqil ta' mħabba
u mera ta' kif tkun l-għanja tal-ħelsa.

Għal ħwejjeġ kbar lis-sider qawwi jħeġġu
l-oqbra tal-qawwijin, o Pindemonte,
u jagħmlu sbejħa, f'ħarset min iżurhom,
u mbierka l-art illi tħaddanhom. Jiena

vidi ove posa il corpo di quel grande
che temprando lo scettro a' regnatori
gli allòr ne sfronda, ed alle genti svela
di che lagrime grondi e di che sangue;
e l'arca di colui che nuovo Olimpo
alzò in Roma a' Celesti; e di chi vide
sotto l'etereo padiglion rotarsi
più mondi, e il Sole irradiarli immoto,
onde all'Anglo che tanta ala vi stese
sgombrò primo le vie del firmamento;
te beata, gridai, per le felici
aure pregne di vita, e pe' lavacri
che da' suoi gioghi a te versa Apennino!
Lieta dell' aer tuo veste la Luna
di luce limpidissima i tuoi colli
per vendemmia festanti, e le convalli
popolate di case e d'oliveti
mille di fiori al ciel mandano incensi:
e tu prima, Firenze, udivi il carme
che allegrò l'ira al Ghibellin fuggiasco,
e tu i cari parenti e l'idioma
desti a quel dolce di Calliope labbro
che Amore in Grecia nudo e nudo in Roma
d'un velo candidissimo adornando,
rendea nel grembo a Venere Celeste:
ma più beata chè in un tempio accolte
serbi l'itale glorie, uniche forse
da che le mal vietate Alpi e l'alterna
onnipotenza delle umani sorti
armi e sostanze t'invadeano ed are
e patria e, tranne la memoria, tutto.
Che ove speme di gloria agli animosi
intelletti rifulga ed all'Italia,
quindi trarrem gli auspici. E a questi marmi
venne spesso Vittorio ad ispirarsi.

xħin rajt il-monument fejn strieħ il-ġisem
ta' dak il-kbir illi fil-waqt li jsaħħaħ
il-ħakma tar-renjanti, il-ġieħ jaħtfilhom,
u juri lil kull ġens mix-xettru tagħhom
xi dmugħ iġelben u xi dmija ċċarċar:
u t-tifkira ta' dak li waqqaf f'Ruma
għal Nisel is-smewwiet Olimpu ieħor:
u ta' min lemaħ taħt l-istar tas-sema
bosta dinjiet iduru u x-xemx ġo nofshom
wieqfa ddawalhom u hekk safa ewlieni
inaddaf lill-Ingliż, li medd bil-bosta
il-qawwa ta' ġwinħajh, triqat is-sema:
inti mbierka tassew, għajjatt fil-hena
tal-fewġiet mimlijin bil-ħajja, u fl-ilma
illi jsawwablek l-Appennin minn ġniebu!
Mgħaxxaq bl-ajru li jħaddnek, jarmi s-safa
tad-dija l-qamar fuq il-għoljiet tiegħek
kollha mżejna bid-dwieli: u l-wileġ, mgħammra
bid-djar u biż-żebbuġ, eluf ixerrdu
minn ħuġġiġiet ta' ward fwejjaħ maż-żiffa.
U kont inti, Firenze, li smajt l-ewwel
il-għana li taffiet il-qilla mħarrxa
tal-Gibellin maħrub: u inti tajtu
missier u omm għeżież u kelma bnina
lil dak il-fomm ta' Kalljopëa ħelu
illi l-Imħabba, mneżżgħa ġewwa l-Greċja
u mneżżgħa f'Ruma, b'libsa mingħajr tebgħa
satar u radd fil-ħdan ta' l-Omm fis-sema.
Imm'iżjed inti mbierka, għax, fi knisja,
tal-ġieh taljan iżżomm miġbura x-xhieda,
aktarx uħudhom, wara li ta' l-Alpi
il-mogħdijiet miftuħa u dik il-qawwa
li tista' kollox u bin-newba tqassam
ix-xorti tal-bnedmin, l-armi ħadulek
u l-ġid u l-knejjes u ta' l-art li tħaddnek
il-jedd u, barra mit-tifkira, kollox.
Għax jekk xi darba, għall-fehmiet qalbiena
u għall-Italja tixref tama sbejħa
ta' glorja, minn hawnhekk nitgħallmu x-xejra.

Irato a' patrii Numi, errava muto
ove Arno è più deserto, i campi e il cielo
desioso mirando; e poi che nullo
vivente aspetto gli molcea la cura,
qui posava l'austero, e avea sul volto
il pallor della morte e la speranza.
Con questi grandi abita eterno: e l'ossa
fremono amor di patria. Ah sì! da quella
religïosa pace un Nume parla:
e nutria contro a' Persi in Maratona
ove Atene sacrò tombe a' suoi prodi,
la virtù greca e l'ira. Il navigante
che veleggiò quel mar sotto l'Eubea,
vedea per l'ampia oscurità scintille
balenar d'elmi e di cozzanti brandi,
fumar le pire igneo vapor, corrusche
d'armi ferree vedea larve guerriere
cercar la pugna; e all'orror de' notturni
silenzi si spandea lungo ne' campi
di falangi un tumulto, e un suon di tube,
e un incalzar di cavalli accorrenti
scalpitanti su gli elmi a' moribondi,
e pianto, ed inni, e delle Parche il canto.

Felice te che il regno ampio de' venti,
Ippolito, a' tuoi verdi anni correvi!
E se il piloto ti drizzò l'antenna
oltre l'isole egee, d'antichi fatti
certo udisti suonar dell'Ellesponto
i liti, e la marea mugghiar portando
alle prode Retèe l'armi d'Achille
sovra l'ossa d'Ajace: a' generosi
giusta di glorie dispensiera è morte;
nè senno astuto nè favor di regi

U hawn, quddiem daw' l-oqbra, biex jitħeġġeġ,
kien jiġi ta' sikwit Vittorju. Mdagħdagħ
għall-Ħarsien tal-Pajjiż, kien jimraħ ħiemed
fejn Arno hu l-aktar waħdu, b'ħarstu mxewqa
titnikker fuq ir-raba' u fuq is-sema;
u billi l-ebda ħjiel ta' ħajja d-dija
ma kien hemm li jnaqqaslu, haw' kien ipoġġi
dak l-imqarras u kellu fuq ħaddejh
is-sfurija tal-mewt u t-tama tagħha.
Għal dejjem issa ma' daw' l-kbar igħammar
u għadmu għadu dlonk jaqbeż bl-imħabba
ta' pajjiżu. Ah iwa! minn di' s-sikta
qaddisa, leħen tas-smewwiet jitkellem;
u kien jgħajjex għall-Persi, f'Maratona
fejn lir-Rġiel tagħha ħatret oqbra Ateni,
il-ħila griega u magħha l-qilla. Il-baħri
illi għadda bil-qlugħ minn taħt l-Ewbea
fid-dalma kbira ta' bil-lejl kien jara
iberraq xrar minn elmijiet u xwabel
imsielta ma' xulxin u nar u dħaħen
u fwar tiela' mill-ħġejjeġ: u kien jilmaħ
erwieħ ħarrieba ġo l-azzar leqqieni
iżiġġu għat-taqbida, u f'dik il-ħemda
tal-lejl waħxija kienet tiġri ħamba
twila ta' battaljuni, ma' l-egħlieqi,
u daqq ta' trombi u rass u rfis ta' żwiemel
imlebbta fuq ir-rjus ta' nies midruba,
u biki u ferħ u tal-Parkiet il-għanja.

Bil-bosta hieni int, illi f'żgħużitek
tas-saltna ta' l-irjieħ baħħart fil-wisa',
ħabib Ipolltu, u jekk il-bdott mexxielek
il-qlugħ lilhinn mill-gżejjer ta' l-Eġew,
bans inti smajt ix-xtut ta' l-Ellespontu
jidwu bi ġrajjiet qodma, u l-mewġa ħoxna
tgerger u tixħet fuq il-blat ta' Rezju
l-armi t'Akille, sew fejn kienu strieħu
il-fdalijiet t'Ajjaċi: għal min għandu
f'sidru qalb kbira l-mewt tqassam fis-sewwa

all'Itaco le spoglie ardue serbava
chè alla poppa raminga le ritolse
l'onda incitata dagl'inferni Dei.

E me che i tempi ed il desio d'onore
fan per diversa gente ir fuggitivo,
me ad evocar gli eroi chiamin le Muse
del mortale pensiero animatrici.
Siedon custodi de' sepolcri, e quando
il tempo con sue fredde ale vi spazza
fin le rovine, le Pimplèe fan lieti
di lor canto i deserti, e l'armonia
vince di mille secoli il silenzio.
Ed oggi nella Tròade inseminata
eterno splende a' peregrini un loco
eterno per la Ninfa a cui fu sposo
Giove, ed a Giove diè Dardano figlio
onde fur Troja e Assàraco e i cinquanta
talami e il regno della Giulia gente.
Però che quando Elettra udì la Parca
che lei dalle vitali aure del giorno
chiamava a' cori dell'Eliso, a Giove
mandò il voto supremo: E se, diceva,
a te fur care le mie chiome e il viso
e le dolci vigilie, e non mi assente
premio miglior la volontà de' fati,
la morte amica almen guarda dal cielo
onde d'Elettra tua resti la fama.
Così orando moriva. E ne gemea
l'Olimpio; e l'immortal capo accennando
piovea dai crini ambrosia su la Ninfa
e fe' sacro quel corpo e la sua tomba.
Ivi posò Erittonio, e dorme il giusto
cenere d'Ilo; ivi l'iliache donne

ir-rand tal-ġieħ: u l-ebda għaqal ħajjen
u l-ebda ħajra ta' sultan ma setgħet
dak il-lbies aħrax tfaddal għal Ulisse,
għax mill-mirkeb mitluf reġgħet ħatfitu
il-mewġa mqanqla minn Allât l-Imwiet.

U lili, illi ż-żminijiet u x-xewqa
ta' ġieh jitfgħuni qalb il-ġnus niġġerra,
jalla jsejħuli l-Mużi, li tal-bniedem
iħeġġu l-ħsibijiet, sabiex infaħħar
lill-kbar li mietu. Daw' t-tfajliet ta' Pimpla
qegħdin għassa ta' l-oqbra, u meta b'daqqa
tal-ġwienaħ kiesħa ż-żmien sa l-ħerba jiknes,
huma jimlew il-baħħ bil-għana tagħhom,
u d-daqq jirbaħ is-sikta ta' mitt sena
għal elf darba mtennija. U l-lum fit-Tròade
fejn ebda żriegħ ma jħaddar, għala dejjem
hemm jiddi mkien qaddis għall-pellegrini:
għala dejjem, bir-riżq ta' dik it-Tfajla
li Ġove tgħarras, u li tat lil Ġove
Dárdanu iben: minnu niżlet Trojja
u Assaraku, u l-ħamsin nisel u s-saltna
ta' tajfet Ġulju. Għaliex meta Elettra
semgħet lill-Parka li minn qalb il-Ħajja
u mid-dawl ta' bin-nhar kienet tgħajtilha
għall-kori ta' l-Eliżi, hekk l-aħħar xewqa
fissret lil Ġove: "U, jekk għeżież kinulek
dlieli," qaltlu, "u għajnejja u s-sahriet ħelwa,
u l-kelma ta' hemmfuq m'għandhiex għalija
xi ħlas aħjar, għallinqas int mis-sema,
biex ma jmutx l-isem ta'Elettra tiegħek,
ħares mejta lil dik illi ħabbitek."
U mietet f'din it-talba. U Ġove tniehed
u waqt li b'rasu li qatt mewt ma ġġarrab
fisser "iwa", minn xuxtu niżlet xita
t'ambrosja fuq it-Tfajla, u hekk itqaddes
dak il-ġisem u l-qabar illi jwennsu.
Hemmhekk strieħ Erittonju u hemm insatar
ir-rmied tat-twajjeb Ilo: u hemm in-nisa

sciogliean le chiome, indarno ahi! deprecando
da' lor mariti l'imminente fato;
ivi Cassandra, allor che il Nume in petto
le fea parlar di Troia il dì mortale,
venne; e all'ombre cantò carme amoroso,
e guidava i nepoti, e l'amoroso
apprendeva lamento a' giovinetti.
E dicea sospirando: Oh se mai d'Argo,
ove al Tidide e di Laerte al figlio
pascerete i cavalli, a voi permetta
ritorno il cielo, invan la patria vostra
cercherete! Le mura opra di Febo
sotto le lor reliquie fumeranno.
Ma i Penati di Troia avranno stanza
in queste tombe; chè de' Numi è dono
servar nelle miserie altero nome.
E voi, palme e cipressi, che le nuore
piantan di Priamo, e crescerete, ahi presto!
di vedovili lagrime innaffiati,
proteggete i miei padri: e chi la scure
asterrà pio dalle devote frondi
men si dorrà di consanguinei lutti
e santamente toccherà l'altare.
Proteggete i miei padri. Un dì vedrete
mendico un cieco errar sotto le vostre
antichissime ombre, e brancolando
penetrar negli avelli, e abbracciar l'urne,
e interrogarle. Gemeranno gli antri
secreti, e tutta narrerà la tomba
Ilio raso due volte e due risorto
splendidamente su le mute vie
per far più bello l'ultimo trofeo
ai fatali Pelidi. Il sacro vate,
placando quelle afflitte alme col canto,

ta' Iljon kienu jħollu xux'thom jibku
u jitolbu, iżd'għalxejn, illi minn zwiegħom
twarrab il-mewt li kienet tistenniehom:
hemmhekk Kassandra, dak in-nhar li Apollo
nebbaħha tniedi l-aħħar jum ta' Troja,
marret; u lill-erwieħ għanniet il-għanja
ta' l-imħabba, u 'l-ulied ta' l-ulied tagħha
kienet twassal hemmhekk u lilhom tgħallem
dik il-għanja tal-ħniena; u bi tnehida
kienet tgħidilhom: jekk xi darba m'n Argo,
fejn ta' Djomedi u ta' Ulisse jmisskom
tagħalfu ż-żweimel, lilkom jagħti s-sema
li terġgħu lura, fiergħa tkun għalikom
ta' Darkom it-tfittixa. Is-swar li Febu
ħaseb u bena, maħruqin tarawhom
minn taħt il-ħerba jdaħħnu. Iżda l-Penati
ta' Troja jibqgħu ġo daw' l-oqbra jgħammru,
għaliex hi ħaġa ta'l-Allât li jżommu
fil-ħasra u fil-ħsarat isem bla tebgħa.
U intom, imħawlin minn kenniet Príjamu,
siġar tal-palm u taċ-ċipress, li tikbru,
u, jaħasra malajr! għax imsoqqija
bid-dmugħ tar-romol, lil missirijieti
wennsu, ja siġar: min ir-rixa kiefra
ħabib iwarrab minn da' r-rimi mqaddes,
ftit mewt u biki jkollu fi qrabatu,
u safi jmiss il-ħaġra ta' l-artali:
wennsu, ja siġar, lil missirijieti:
xi darba għad taraw taħt dlielkom qodma
tallab agħma jiġġerra jfittex b'idu,
jidħol bejn l-oqbra u jgħannaq dawk il-ġarar
u jistaqsihom. Mill-għerien moħbija
joħroġ leħen imbikki u l-imwiet kollha
itennu l-ġrajja ta' Iljòn imġarraf
darbtejn, u darbtejn mibni fil-ġmiel tiegħu
fuq it-triqat sektin, biex sabiħ iżjed
għall-moħtara mis-sema wlied Pelëo
ikun l-aħħar trofew. L-egħzez Poëta
fil-waqt li jfarraġ dawk l-erwieħ imnikkta

i prenci argivi eternerà per quante
abbraccia terre il gran padre Oceàno.
E tu onore di pianti, Ettore, avrai
ove fia santo e lagrimato il sangue
per la patria versato, e finchè il Sole
risplenderà su le sciagure umane.

bil-għana, 'l-Ewlenin ta' Argo jweġġeh
ma' kull art illi jħaddan il-missier
il-kbir, Oċeàn. U int, Ettorre, jkollok
ħaraġ ta' dmugħ kullfejn qaddis u mibki
jinżamm id-demm għal art twelidna mxerred,
u sakemm tibqa x-xemx mis-sema tiddi
fuq id-dmugħ u l-ħsarat ta' ġens il-bniedem.

NOTES ON THE POEMS

GHALIEX? (pp. 54–5)

1 This lovely poem was written at the height of the controversy concerning the status of Maltese as a literary and a national language. It actually struck a mortal blow in defence of the native tongue and soon became the battle-cry of the younger Maltese writers.

2 *Sfajtli*. The suffix of the 1st person singular with the verb gives the word a warmer connotation by bringing it into personal relationship with the writer. The verb is *safa*, to become. Cf. the use of صَفَى in North Africa.

3 *Li bih int Malti sewwa*, through which you are a true Maltese.

4 *Ta' ġewwa*, lit. of the inside, i.e. native.

DELL U DIJA (pp. 54–61)

1 *Dell u Dija* was also written to describe the cold reception given to Dun Karm's Maltese verses. Even his adversaries were constrained to admire the beauty of his diction but could not bring themselves to recognize that this was real poetry. The poem is an excellent witness to the genuineness of Dun Karm's poetic experience.

HERBA (pp. 60–1)

1 This sonnet is dedicated to Professor Sir Temi Zammit who was knighted for his discoveries in the field of medical science (Malta fever) and archeology. He excavated the prehistoric temples at Tarxien and the Roman Villa at Għajn Tuffieħa, the subject of this poem.

LIS-SILLA (pp. 60–3)

1 The red clover flower, so typical of Malta, turns to face the sun from dawn to sunset.

2 *Tqum fuq qaddek*, to sit up.

ĠUNJU (pp. 62–5)

1 *Jxoqqlok qalbek*, lit. it cleaves your heart.

KEWKBET IS-SAFAR (pp. 66–7)

1 Dun Karm may have been thinking of his father when he wrote this poem.

IL-ĠERREJJA U JIEN (pp. 68–71)

1 For the autobiographical references in this poem compare the Introduction.
2 *Għal xejrt ir-riħ*, windward.
3 *Tmil fuq ġenbek*, you lean on your side.
4 *Qtajt 'il barra qatigħ*, lit. I cut off myself a good distance.

NOFS IL-LEJL SAJFI (pp. 74–5)

1 *Fil-boghod fil-boghod*. The repetition is emphatic, meaning very far away.

WARD (pp. 78–9)

1 The poem is dedicated to Mr Kalċedonju Gatt who had given Dun Karm a rose plant a few months before.

WIED QIRDA (pp. 82–3)

1 Wied Qirda is the name of a valley in Malta not far from Żebbuġ, the poet's birthplace. During the Maltese insurrection against the French in 1799 a fierce battle took place in this valley.
2 *Fuqqanija*, a hill to the west of Żebbuġ.

LILL-KANARIN TIEGHI (pp. 82–7)

1 The circumstances in which this poem was written are referred to in the Introduction.
2 *Niġbed warajja*, lit. I pull (the door) behind me.

ROMA IMMORTALIS (pp. 88–9)

1 *Il-Ġebla*, the Rock, Peter (Matt. xvi. 16).

LIL MALTA (pp. 90–3)

1 "Malta, Fior del Mondo" was an epithet of old. This "Flower of the World" is now in serious danger of losing its beauty through the disorders which a more sophisticated civilization brings in its wake.

2 *Sant' Jiermu.* St Elmo is a fort at the entrance to the Grand Harbour. It was built by the Knights, and was captured by the Turks in the Great Siege of 1565. The defenders died to the last man rather than surrender.

3 *Settembru.* The Great Siege ended with the victory of the Knights and the Maltese with the withdrawal of Dragut's forces on 8 September 1565.

4 *Il-Monument.* A bronze statue representing Malta at the feet of Christ the King, just outside Valletta.

B'DANA KOLLU (pp. 92–3)

1 *Il kbir fost żewġ ulied.* Cain, who slew his younger brother Abel.

2 *Magħna-hu-El.* Maltese transcription of the name *Immanu-El* (Emmanuel) in Isa. vii. 14, referring to the Messiah.

ĠESÙ (pp. 96–7)

1 During the Second World War the Holy Eucharist used to be removed from the church at Żebbuġ every evening and kept in an air-raid shelter during the night so as to save it from profanation in case the church was bombed.

RMIED (pp. 104–5)

1 On Ash Wednesday people come up to the priest, who sprinkles ashes on their head with the words: "Remember, O man, that thou art but dust, and to dust shalt thou return."

PROGRESS (pp. 104–9)

1 *Sar nies,* to succeed in life.

2 *Qoxortu ħadd ma tesgħu,* lit. no man's skin can contain him any longer (for swelling with pride).

3 *Kull ma tmur,* with time, progressively.

4 *Bagħtitu jdur,* sent him to the devil; lit. sent him whirling.

ŻJARA LIL ĠESÙ (pp. 108–17)

1 *Il-ħabta ta'*, around.
2 *Fl-aħjar minn tiegħek*, in all your vigour.
3 *L-ewwel darba*, the first Holy Communion.
4 *Bieba ċkejkna*, the door of the tabernacle where the Holy Eucharist is kept in Catholic churches.
5 *Fil-quċċata*, the priesthood.

IL-VJATKU (pp. 118–21)

1 The Holy Eucharist is carried to a dying person for his last Communion. In Malta this is done solemnly. Children carrying lanterns walk in procession before the priest carrying the Sacrament, and the tinkle of a bell heralds the arrival of the procession. People kneel in the streets and at night a lamp is placed outside the window of every house in front of which the Viaticum passes.

NHAR SAN ĠWANN (pp. 120–3)

1 The church of St John in Valletta was the conventual church of the Knights of Malta, by whom it was built. On the Saint's feast-day the great bell of the church tolls early in the morning, and in the evening a solemn procession takes place.
2 *Weraq tieri*. The streets are strewn with laurel leaves for the procession to tread over.
3 *Kavalieri*. The Knights of Malta.

IL-MUSBIEH TAL-MUŻEW (pp. 130–47)

1 Many early Christian oil-lamps, bearing the symbol of the fish (*Ichthys*) are still preserved in the National Museum at Valletta.
2 *Raġel qalbieni*, Roger the Norman who freed Malta from Arab domination and is said to have given the Maltese their national colours, red and white.
3 *Nies oħra*, The Knights.

I SEPOLCRI (pp. 174–93)

1 This poem by Ugo Foscolo is the original of Dun Karm's "l-Oqbra" (see Introduction, p. 48).

BIBLIOGRAPHY

The following details of dates of first publication of the poems included in this anthology have been most kindly supplied by Dr Anthony Cremona of Paula, Malta.

Għaliex?—Għana ta' Dun Karm (1939), I, p. 146.
Dell u Dija—Il-Malti, June 1932.
Ħerba—Il-Malti, March 1933.
Lis-Silla—Il-Malti, March 1935.
Ġunju—Il-Ħabib, 16 June 1914.
Univers Iehor—Għana ta' Dun Karm, I, p. 116.
Xemgħa—Leħen is-Sewwa, 4 April 1931.
Kewkbet is-Safar—Leħen il-Malti, April 1933.
Il-Ġerrejja u Jien—Il-Malti, September 1933.
Xenqet ir-Raba'—Il-Malti, March 1926.
Nofs il-Lejl Sajfi—Il-Malti, June 1926.
Alla Mhux Hekk—Il-Malti, September 1929.
Ward—Il-Malti, December 1932.
Milied u Missjioni—Għana ta' Dun Karm, II, p. 131.
L'Arloġġ—Il-Ħabib, 3 February 1914.
Wied Qirda—Leħen il-Malti, October 1933.
Lill-Kanarin Tiegħi—Il-Ħabib, 2 February 1915.
Quddiem Kruċifiss—Leħen is-Sewwa, 12 April 1930.
Inti ma Tarġax—Għana ta' Dun Karm, I, p. 36.
Roma Immortalis—Għana ta' Dun Karm, II, p. 96.
Lil Malta—Il-Malti, June 1925.
B'Dana Kollu—Leħen il-Malti, March–April 1936.
In-Nissieġa—Il-Ħabib, 22 July 1913.
Ġesù—Il-Malti, March 1942.
Dan min Hu—Il-Malti, March 1938.
Ateiżmu—Għana ta' Dun Karm, II, p. 117.
Rmied—Il-Malti, March 1932.
Progress—Il-Malti, June–September 1940.
Fil-Katakombi—Il-Ħabib, 15 November 1927.
Żjara lil Ġesù—Il-Ħabib, 12 December 1916.

Il-Vjatku—Il-Habib, 23 March 1915.

Nhar San Ġwann—Għana ta' Dun Karm, II, p. 84.

Bjuda—Għana ta' Dun Karm, II, p. 100.

Non Omnis Moriar—Il-Malti, June 1927.

Il-Musbieħ tal-Mużew—pamphlet, 1920.

Il-'Jien' u Lilhinn Minnu—pamphlet, 1938.

I Sepolcri (L-Oqbra)—pamphlet, 1936.

GLOSSARY

The glossary includes those words in Dun Karm's poems which cannot be easily understood by an Arabist, either because they are of non-Semitic origin, or because their Maltese meaning differs from that in Arabic, or because they are rare in Arabic. The words are transcribed in the form in which they are to be found in the poems, but the meanings are not only those of the context. Sicilian forms follow B.

ABBREVIATIONS

* after a word denotes that the word or meaning is peculiar to Dun Karm. I–IX denote verbal forms. a., adj. = adjective; B. = Barbera, *Vocabolario Maltese-Arabo-Italiano* (Beyrouth, 1939–40); c. or + = with; contr. = contracted from; D. = Dessoulavy, *Maltese-Arabic Word-List* (London, 1938); Dozy = *Supplément aux Dictionnaires Arabes*; Etym. dbt. = of doubtful etymology; f. = feminine; imp. = imperfect; It. = Italian; lit. = literally; m. = masculine; n. = noun; N.A. = used in North African dialects; p. = person; part. = participle; perf. = perfect; pl. = plural; pp. = passive participle; Sic. = Sicilian; sing. = singular; suff. = suffix; Syr. = used in the Syrian Arabic dialects; vb. = verb.

Ahi qada (p. 90)   Oh Fate! It. exclamation + *qaḍā*, fate.

Ajkla (p. 134)   eagle; It. *aquila*. In this context it denotes the Roman Eagle.

Ajru (p. 70)   air, weather; Sic. *airu*.

Aktarx (p. 152)   probably, likely; here = more or less; contr. اَكْثَرْ

Amâr (p. 160)   n., command, dictum; from أَمَرْ.

Anġlu (p. 116)   angel; It. *angelo*.

Annuna (p. 92)   unanimously, in common; Sic. *annuna*.

Arblu ta' Mejju (p. 106)   Maypole; Sic. *arblu* = a pole, mast.

Arma (p. 183)   weapon, coat of arms; It. *arma*.

Arpa (p. 130) harp; It. *arpa.*

Artal (p. 64) altar; It. *altare.*

Arznu (p. 183) pine, tree; cf. أَرْز cedar; Sic. *arẕinu* = coniferous tree.

Anqas (p. 64) less; here used in sense of neither; أَنْقَص.

Awl-il-lejl (p. 84) vigil, eve; here = at night*; أَوَّل ٱللَّيْل.

Azzar (p. 92) steel; Sic. *aẕẕaru.*

Baħħ (p. 189) void, emptiness; Syr. بَحّ (B.) same sense as Maltese.

Band'oħra (p. 162) the other side, on the other hand; It. *banda* = side.

Bandiera (p. 118) flag; It. *bandiera.*

Bans (p. 187) surely, undoubtedly; etym. uncertain.

'il Barra (p. 68) outwards; = *'il* + بَرَّى N.A., outside.

Bdott (p. 187) pilot; contr. of Sic. *pilotu* (also bdôt).

Bejta (p. 126) nest; cf. بَيْتَة.

Bellusin (p. 166) velvety, a. pl.; *bellus* (p. 183) = velvet from Sic. *pillusa.*

Beqqun (p. 142) pick; Sic. *piccuni.*

Bħal *passim* like, as; = مَحَال, in the state of.

Bħallikieku (p. 156) as if; *bħal li kieku*, lit. like as if.

Biċċa (p. 96) a piece; Sic. *picca* or, locally, *biccia.* It. *peẕẕo.*

Bieżel (p. 66) hard working, busy; cf. بَازِل, expert.

Bikrija (p. 68) a. f., early; cf. بِكْرَى.

Biswitek (p. 74) opposite you; = *biswit* (بِسْوَى) c. suff. 2nd p. sing.

Biżżejjed (p. 118) enough; lit. with surplus.

Bnedmin (p. 76) men, persons, human beings; pl. of *bniedem* بِنِى آدَم or בֶּן־אָדָם = son of man = man.

Bnin (p. 64) tasty; from بِنَّة taste, Andalusian word used in N.A. Cf. Dozy.

Bosta (p. 82) many, numerous; contr. of بُوسْطَة = overloaded, Andalusian; sometimes *bil-bosta* (*passim*) with repeated preposition, B.

Bufula (p. 154) warbler (kind of bird); B. says that بُوفُولَة is used in Syria to denote a kind of small bird.

Ċafċaf (p. 68) to splash, dabble in water; Sic. *ciaffa-ciaffa*, onomatopoeic.

Ċanfarni (p. 156) he scolded me; suff. 1st p. sing.+ *ċanfar*, cf. Dozy s.v. شَفَر.

Ċappa (p. 118) a mass of; *dlam ċappa*=pitch darkness, كُبَّة, Syr. كَبَّة; Sic. *chiappa*.

Ċar (p. 144) clear; Sic. *chiaru*, locally *ciar*.

Ċempil (p. 110) ringing, n.; from *ċempel*, vb. from Sic. n. *cimmuli*, It. *cembalo*.

Ċfales (p. 106) slush, disorder; pl. of *ċaflis* from *ċaflas*, to splash water about. Onomatop.?

Ċirċ (p. 134) cloudy drizzling weather; cf. شَرْشَر, to spray, Dozy.

Ċokon (p. 100) smallness; n. from *ċkejken*, small, شَقِيقَن; N.A. with لـ.

Ċpar (p. 164) mist, fog; B. suggests غُبَار, dust, but *għabra* exists in Maltese.

Dagħdiegħa (p. 162) wrath, fright; دَغْدِيغ.

Daqsxejn (p. 62) a little; *daqs*=size, as big as; cf. N.A. use of شَىء+ تكس, *xejn* in Maltese means "nothing", hence *daqsxejn*= lit. as much as nothing.

Darba (p. 74) once; ضَرْبَة, lit. one stroke. *La darba*=once that... (p. 110).

Dari (p. 74) of old, in former times; دَارِّي, periodically.

Deh! (p. 120) Oh! It. interjection.

Dgħajsa (p. 68) a Maltese boat resembling a gondola; دُغَّيْس, boat, Dozy.

Dgħif (p. 160) fleshy part of body; ضَعِيف.

Disinn (p. 176) design, plan; It. *disegno*.

Dlonk (p. 84) immediately; Sic. *di longu*.

Donnu (p. 120) he is similar to; ظَنّ = opinion, conjecture; hence lit. it may mean "count it as...", B.; the *u* is the suff. 3rd p. m. sing.

Drabi (p. 84) times; pl. of *darba*, q.v.

Drawwa (p. 78) custom, habit; ضَراوَة. *Fuq id-drawwa* = as usual.

Dwal (p. 118) lights; pl. of *dawl* ضوء +euphonic *l*.

Dwieli (p. 72) vines; pl. of *dielja*, Syr. دالية.

Ebda (p. 64) none, not a...; أَبَدًا = never, cf. "never a one".

Egħrien (p. 164) caves, cavities; pl. of *għar* غار.

Emmna (p. 90) faith; from *emmen*, to believe.

Ewwilla (pp. 56, 152) perhaps, is it not? then; cf. אוּלַי; or وَإِلّا or أَهُوَ إِلّا.

Falla (p. 78) to go wrong; 3rd p. sing. perf.; Sic. *fallari*.

Fanali (p. 118) lanterns, lamps; pl. of *fanal*, Sic. *fanali*.

Farfett (p. 168) butterfly; Sic. *farfetta*.

Feddej (p. 146) redeemer; cf. *fidwa*.

Fewġa (p. 62) breeze; cf. فاح, to grow cold.

Fidwa (p. 114) redemption, the Atonement; فِدَاء; from vb. *feda*, to redeem.

Fis (p. 84) immediately, quickly; contr. *fis-siegħa?*

Fjamma (p. 168) flame; It. *fiamma*.

Fjur (p. 158) flower; Sic. *fiuri*.

Flok (p. 86) instead, in place of; *f'* + It. *luogo.* = *in luogo di....*

Forka (p. 179) gallows; It. *forca*.

Fosdqa (p. 168) chrysalis; فُسْتُق.

Fost (p. 92) among; فى وَسْط.

Frattant (p. 106) meanwhile, nevertheless; It. *frattanto*.

Fraxxnu (pp. 82, 148) Fraxinus ornus (plant); Sic. *frascinu*.

Friska (p. 66) fresh, cool; a. f.; Sic. *frisca*, It. *fresca*.

Ftit ilu (p. 62) a little while ago; فَتِيت, a crumb (hence little) + إِلّ؟

Ġa (p. 114) already; It. *gia*.

Ġerrejja (p. 68) a racing boat, a drifter; part. f. II of *ġera* جَرَى, to run; the II form *ġerra* means to race.

Ġidha (p. 60) her fortune, goods; confusion of جَدّ and جَيّد + suff. 3rd p. f. sing.

Ġilju (p. 122) lily; It. *giglio*.

Ġilwa (p. 120) procession*; جَلْوَة lit. a wedding procession.

Ġlejjeb (p. 132) constellations*; pl. of *ġilba*, crowd, shoal, from جَلَب, to form a crowd.

Ġojjin (p. 124) a linnet; etym. doubtful.

Ġol- (p. 78 *et passim*) inside of; contr. *gewwa* جُوّ + article.

Gerbeb (p. 138) roll, vb.; etym. doubtful.

Gidba (p. 90) a lie; كَذْبة.

Godlija (p. 72) fleshy, muscular; جَدْلِيّ, pl.

Grillu (p. 74) a cricket; Sic. *grillu*.

Għaddieni (p. 172) transitory*, contingent*; from *għadda*, to pass.

Għadhom (p. 60) they are still...; عَاد + suff. 3rd p. pl. (cf. Dozy عَوَّد)

Għadu (p. 80) he is still...; *idem* + suff. 3rd p. sing.

Għaks (p. 106) misery, penury, oppression; عَكْس = submission of a camel.

Għal fejn (p. 132) why? For what reason?

Għal kollox (p. 108) totally.

Għali (p. 160) sorrow, grief; is it غَلِي (boiling) used figuratively? B.

Għallinqas (p. 108) at least; عَلَى الأَنْقَص.

Għalqa (p. 128) field; lit. an enclosure.

Għalxejn (pp. 108, 191) in vain; عَلَى شَيء.

Għamra (p. 156) a heap; عَمْرَة.

Għarienaq (p. 144) cranes; pl. of *għarnúq* غَرْنُوق.

Għarkobbtejhom (p. 118) kneeling down; lit. on their knees, عَلَى رُكْبَتَيهم + suff. 3rd p. pl.

Għasluġ (p. 146) a stick, branch; عُسْلُوج = a tender green branch.

Għażżiena (p. 70) lazy; pl., or fem. sing., derivation uncertain.

Għilt (p. 84) error; غَلَط.

Għoqla (p. 148) sorrow; عُقْلَة = anxiety.

Għorma (p. 62) a heap; عُرْمَة.

Ħaddieħor (p. 96) another; lit. one other.

Ħajbura (p. 64) low drizzling cloud; from غَبَر = to be the colour of dust? B, cf. حَبِير.

Ħajjara (p. 179) enticing; part. f. sing., or pl. of ħajjar, II of خَار, prefer, choose.

Ħajjen (p. 189) astute; خَائِن.

Ħajr (p. 84) thanks; خَيْر.

Ħalel (p. 70) waves; pl. of ħalla حَلَّة.

Ħamba (p. 187) tumult, noise, derivation uncertain.

Ħarbxet (p. 144) she (it) threw into disorder; 3rd p. f. sing. of ħarbex, cf. خَرْبِش Dozy.

Ħares (p. 102) guardian; overseer; sometimes used of a poltergeist.

Ħars (p. 90) glance; from ħares, to look, to guard.

Ħasla (p. 136) wash, bath; غَسْلَة (sometimes used of Baptism).

Ħażina (p. 66) bad; f. Arabic means sad.

Ħdejk (p. 132) near you; حِذَاء +suff. 2nd p. sing.

Ħeġġeġ (p. 62) inflame, flame, vb. intrans.; verb from ħeġġa حَجَا+أَجَّة, cf. أَجَّ.

Ħija (p. 54) my brother; خُو +suff., 1st p. sing.

Ħosbiena (p. 92) thoughful; fem. sing., or pl. adj. from ħaseb, to think.

Haw' (p. 164) here; for hawn = هَا هُنَا, D.

Hekk (passim) thus, in this way; هَيْك.

Hemm (passim) there; هُنَا with the sense of ثَمّ.

Hemmhekk (p. 189) there; هُنَاك.

Herra (p. 140) roughness in treatment; etym. doubtful.

Ibati (p. 82) he suffers; 3rd p. sing. imp. of bata = Sic. pati, to suffer.

Iċarċar (p. 138) trickling down, spilt; pp. from *carcar*, شَرْشَر Dozy.

Idderri (p. 177) you distract, comfort yourself; 2nd p. sing. or 3rd p. fem. imp. of *derra*, II of ذَرَى, to scatter.

Iddew (p. 88) O God; It. *O Dio*.

Ifrat (p. 179) bulls; pl. of *fart*, N.A. فَرْد.

Ifrem (p. 144) strongest; superl. or comp. of *ferm*, strong; It. *fermo*.

Iġelben (p. 185) to flow (of water), sprout forth; Sic. *girbunari* (land where plants grow wildly) B. 3rd p. masc. sing. imp.

Iḥajjar (p. 108) he entices; 3rd p. masc. sing. imp. of *hajjar*, II of خَار.

Ilbitt (p. 158) I shrank (into myself); 1st p. sing. perf. of *libet*, cf. لَبَد, to huddle.

Ilha (p. 104) ago, it is…since she…; =*il*+ suff. 3rd p. f. sing. D. suggests contr. حَال (N.A.) or أَوَل or آن.

Ilma (p. 66) water; article *il-* +مَاء, water. The assimilation of the article is no longer felt and another article is now provided: *l-ilma*.

Iltiema (p. 92) orphans; pl. of *ltim*, = article + يَتِيم (cf. *ilma*).

Imbexxqa (p. 74) Partly open (of a window or door); pp. f. of *bexxaq* = Syr. ب + II of شَقّ, lit. to let a crack through, B.

Imċarrta (p. 136) rent, torn; pp. f. from *carrat*, II of شَرَط.

Imdardar (p. 154) murky, turbid; pp. from *dardar* تَرْتَر, to shake?

Imdorrija (p. 60) she (they are) is accustomed to; pp. f. or pl. of II from ضَرَى.

Imhejjem (p. 179) spoilt (of a child); pp. masc. of *hejjem*, II of هَام, to love passionately.

Imieġhek (p. 96) he treads upon, vilifies; 3rd p. imp. of *mieghek*, III of مَعَك.

Immela (p. 54) therefore; إِمَّا لَا.

Imnikkta (p. 78) sorrowful; pp. fem. of *nikket*, cf. نَكَّت, to harass.

Imqareb (p. 166) naughty, fierce; cf. مُقَارِب (Dozy).

Imqarrsa (p. 70) made sour; bitter; pp. f. sing. or pl. of *qarras*, II, cf. قرص Dozy.

Imrieġħxa (p. 56) offended; pp. fem. or pl. of *rieġħex* رَعَّش, II. The *Għajn* takes no reduplication in Malt., hence the lengthening of the vowel *ie*.

Imtarrfa (p. 162) limited; pp. f. from *tarraf*, II; to put an end (*tarf* = طَرْف) to.

Inemnem (p. 94) flickers; imp. 3rd p. sing. masc. of *nemnem*, from نَتَوَّم? B.

Inewnem (p. 114) same as *inemnem*.

Ipoġġi (p. 187) he rests on; imp. 3rd p. sing. masc. of *poġġa*, It. (*s'*)*appoggia*.

Irdumi (p. 162) in ruins, craggy; adj. from *rdum* رُدُوم.

Irsir (p. 102) slave; الأَسِير with incorporated article as *ilma*. The *l* of the article becomes *r*. The initial *i* is euphonic.

Iskoll (p. 106) a rock projecting from the sea; euphonic *i* + Sic. *scolliu*.

Issa (p. 66) now; It. *issa* (Dante).

Istaħja (p. 96) he relaxed, refreshed himself; إِسْتَحْيَا, X, euphonic *i*.

Ixxittlu (p. 142) they took root, sprouted forth; V, from noun *xitla*, شَتْلَة, plant. Note how *t* of *itxittlu* assimilates into *ixxittlu*. 3rd p. pl. perf.

Iżd' (p. 158) but; = *iżda* probably إِذ ذَاك, B.

Jaqaw (p. 179) perchance; D. suggests contr. يَقَع هُوَ.

Jasar (p. 152) slavery; إِسَار.

Jbaxxi (p. 166) he lowers; vb. from Sic. *basciari*, to lower. 3rd p. masc. sing. imp.

Jċarċar (p. 118) imp. 3rd p. sing. masc. of *ċarċar*, q.v.

Jedd (p. 96) right; n. Cf. يَد, will.

Jekk (p. 86) if; هَيْك.

Jheżheż (p. 170) he shakes; imp. 3rd p. masc. sing. of *heżheż*, هَزْهَز.

Jiċċaqlaq (p. 112) he (it) moves; 3rd p. masc. sing. of *iċċaqlaq*, V of *ċaqlaq*. Etym. dbt.

Jiċkien (p. 62) he (it) becomes smaller; 3rd p. masc. sing. of *ċkien*, IX of شَقَنْ.

Jiddaqqas (p. 160) he (it) is measured, poised; V, cf. n. *daqs*, size, measure.

Jigdem (p. 82) he (it) bites; 3rd p. masc. sing. of *gidem* كَدَم.

Jiġġerra (p. 154) he (it) roams about; V of *ġera*, جَرَى N.A., to run.

Jimrar (p. 152) he (it) becomes bitter; IX of مَرّ.

Jinxtara (p. 64) he (it) is bought; VII formed from إِشْتَرَى, VIII as if from I.

Jiswewlek (p. 54) they are of value to you; 3rd p. pl. of *sewa*+ suff. 2nd p. sing. سَوَى.

Jitkagħwex (p. 158) he wriggles; VI from كَاشَ, Syr.=to be active.

Jitkasbru (p. 90) they soil themselves with; V from *kasbar*, etym. dbt.

Jiżgħad (p. 177) he multiplies; increases; cf. زَغَد to press into, fill. Imp.

Jxenglu (p. 92) they wave about, shake; 3rd p. pl. imp. of *xengel*, Sic. *cianghillari*.

Katavri (p. 181) corpses; It. *cadavere*; pl. of katavru.

Kefrija (p. 78) cruelty; كَفْرِيَّة.

Kejliet (p. 84) measures, here=food-containers; pl. of *kejla*, كَيْلَة.

Kemm-kemm (pp. 136, 144) slightly, scarcely.

Kemm xejn (p. 94) lightly; lit. as much as nothing.

Kieku (*passim*) if; etym. dbt. Arabic=هَيْك.

Kiesaħ (p. 64) cold; قَاسِح.

'Kk (p. 138) =*jekk*, if.

Kmieni (p. 94) early; etym. dbt.

Kollox (p. 58) everything; كُلّ شَىء, dialectically كَلّش.

Komma (p. 64) sleeve; كُمَّة.

Kori (p. 189) choirs; pl. of *kor*, It. *coro*.

Kos (p. 102) after all, well; contr. Sic. *accusi.*

Ktajjen (p. 98) chains; pl. of *katina,* Sic. *catina.*

Kwieta (p. 183) quiet; f. It. *quieta.*

La (*passim*) when, as.

Lejn (p. 61) towards, at; إِلَى أَيْن.

Lelluxa (p. 74) corn marigold (flower); from *lellex,* to shine.

B. suggests Andalusian لَجْلَج. Hence adj. *lelluxi,* shiny yellow, golden. The word is of Berber origin.

Lilhinn minn (p. 146) beyond.

Leqqieni (p. 187) shiny; from *leqq,* to shine, أَلَّق, but in dialects لَّق.

Lfiq (p. 156) sobbing; n. from *lefaq,* cf. لَهَف.

Lhudija (p. 78) Palestine, a Jewess; الْيَهُودِيّة.

Liema (p. 86) which; إِلَّى مَا.

Liġijiet (p. 160) laws; pl. of *ligi;* Sic. *ligi.*

Liżar (p. 74) sheet; إِزَار + incorporated article like *ilma.*

Ljuni (p. 98) lions; pl. of *ljun,* Sic. *liuni.*

Lubien (p. 68) calm, serene*; also incense; لُبَان.

Luħ (p. 82) spade, shovel; لُوح.

Lura (p. 80) backwards; = '*l wara,* وَرَاء.

Lventa (p. 154) agile; Sic. *livanti.*

Madankollu (p. 98) in spite of all this; *ma' dana kollu. Dana,* this = اذ + Sic. *na.*

Madwari (p. 184) around me; مَع دُوَارِي, lit. with what encircles me.

Maħdum (p. 142) worked, ornamented; from *hadem,* cf. خَدَم, pp. masc. sing.

Maħtur (p. 142) chosen; pp. masc. sing. from *hatar,* as if خَتَر from VIII إِخْتَار.

Majistral (p. 68) N.W. wind; It. *Maestrale.*

Malajr (p. 191) quickly; = مع + Sic. *airi* on the It. pattern *con aire.*

Malli (p. 124) as soon as; contr. ‏مَع إلّى‏.

Marella (p. 106) a ball of string; Sic. *marella.*

Marsus (p. 138) pressed; pp. masc. sing. from *rass*; ‏مَرصوص‏.

Matmura (p. 64) granary, nourishment*; ‏مَطمورة‏.

Mberghna (p. 70) having a lean wry face; fem. sing. or pl. B. suggests Syr. ‏بَلغَم‏.

Mdaghdagh (p. 160) pp. masc. sing. of *daghdagh*, q.v.

Mewwieti (p. 172) mortal*, death-bringing; from *mewt.*

M'ghadekx (p. 152) you are no longer; *ma-ghad-ek-x.* ‏عاد‏ in Arabic is a verb with an iterative sense. In Malt. it is a preposition meaning (he is) still.

Mhemmx (p. 82) there is not; *ma hemm xejn.*

Mhattba (p. 160) humped, crooked; from *hotba*, ‏حَدَبة‏.

Mheddla (p. 152) torpid, raving; pp. fem. sing, or pl. of *hedel*, cf. Egypt, ‏خَدر‏.

Mielet (p. 152) inclined, declined; 3rd p. fem. sing. of *miel*, ‏مَال‏.

Miblugh (p. 156) stunned, lit. swallowed up; pp. masc. sing. from ‏بَلَع‏.

Midra (p. 62) winnowing fork; ‏مِدرَى‏.

Mirquma (p. 88) polished; ‏مَرقوم‏.

Missier (p. 114) father; Sic. *missieri*, my Lord.

Mixlijin (p. 96) accused; etym. dbt., cf. ‏شَنَا‏.

Miżghuda (p. 76) pp. of *żaghad*, cf. *jiżghad.*

'Mma (p. 132) but; either from It. *ma* or ‏ما+إن‏ (if) or ‏إمّا‏ (or), B.

Moghdrija (p. 88) Compassion; n. from *ghader*, ‏عَذَر‏.

Moqżieża (p. 179) the nauseating, the dirty one; f. ‏قزّ‏ to nauseate is used in Syr.

Mqades (p. 181) temples, churches; pl. of *maqdes* from root ‏قدس‏.

Mserka (p. 94) a reel; ‏مِسلَكة‏.

Mudell (pp. 160, 172) model; Sic. *mudellu.*

Muna (p. 142) store, provisions; ‏مونة‏.

Musbieh-il-lejl (p. 158) glow-worm; lit. night-lantern.

Mużajk (p. 60) mosaic; Sic. *musaicu.*

Mwarrba (p. 60) put aside, hidden; pp. fem. sing. or pl. of *warrab* II, cf. أَرَّبَ Dozy.

Mwerwra (p. 181) terrified; pp. fem. sing. or pl. of *werwer*; وَرْوَر, to talk agitatedly.

Mxaħxaħ (p. 168) drowsy, comfortable; pp. masc. sing. of *xahxah,* شَخْشَخ, Syr. metathesis of خَشْخَش.

Nambiha (p. 110) I need her (it); perhaps contr. *x'naghmel biha?*

Nases (p. 110) traps, fishing nets; pl. of *nassa,* Sic. *nassa.*

Nbniet (p. 120) it was built; 3rd p. fem. perf. VII from *bena.*

Ndendlek (p. 84) I shall hang you; 1st p. imp. of *dendel,* cf. دَنْدَل Dozy.

Nessejja (p. 177) she who makes you forget*; n. f. from *nesa* نَسِي.

Nfniet (p. 148) she was weakened; 3rd p. f. of VII from *fena,* فَنِى, perish.

Nħares (p. 62) I look, guard; 1st p. imp. of *hares* حَرَس.

Niket (p. 80) sadness; see *imnikkta.*

Nlebbet (p. 164) to run away, flee; 1st p. imp.; II from *libet,* to spur; لَبَط, kick, Dozy.

Pajjizna (p. 146) our country; It. *paese.*

Parkiet (p. 187) the Fates: Klotho, Lachēsis, Atropos.

Passi (p. 104) footsteps; pl. of *pass,* It. *passo.*

Pellegrini (p. 189) pilgrims; pl. of *pellegrin,* It. *pellegrino.*

Pinġa (pp. 76, 154) he painted; It. *pingere.*

Pinzell (p. 74) painter's brush; Sic. *pinżellu.*

Plajja (p. 82) shore, banks; Sic. *plaia.*

Plejju (p. 70) Mentha pulegium (plant); Sic. *puleiu.*

Qabru (p. 104) a crab; Sic. *gammru.*

Qajla (p. 104) slowly; قَلِيلَة.

Qalila (p. 96) rough, fierce; etym. dbt.

Qarrieqa (p. 166) deceitful; from *qarraq,* cf. قَرَّق, to deceive.

Qawsalla (p. 78) rainbow; lit. God's bow, قَوْسُ ٱللَّه.

Qiegħa (p. 62) threshing floor, courtyard; قَاعَة.

(bil-)Qiegħda (p. 60) sitting down; قَعْدَة.

Qilla (p. 120) fury, harshness; etym. dbt. قِلَّة has a different sense.

Qima (p. 66) honour, glory, esteem; قِيمَة.

Qisu (p. 54) he is like a…;= Imperative قِس+suff. (قَاس = measure, count as.)

Qniepen (p. 110) bells; pl. of qanpiena, Sic. campiena.

Qsari (p. 60) flower-pots; pl. of qasrija, Syr. قَصْرِيَّة.

Quċċata (p. 76) peak; Sic. cuẓẓata.

Qżież (p. 90) dirt, nauseating substance; قَرَّاز.

Raba' (p. 154) fields, arable land; رَبْع.

Radda (p. 62) line, furrow; رَدَّة.

Raġuni (p. 158) reason; It. ragione.

Ram (p. 132) copper, brass; It. rame.

Ranċis (p. 56) narcissus (flower); Arab. نَرْجِس, N.A. رَنْجِس, Malt. nearer to It. narcíso (metath.)

Rawwamlek (p. 179) he cultivated, grew, for you; rawwem+suff. 2nd p. sing, II. Cf. רוּם to grow high. رَام is to desire intensely.

Rażan (p. 90) discipline; رَسَن, to put on a muzzle, bridle.

Rdum (p. 174) heap of ruins; from radam, to bury, رَدُوم.

Renjanti (p. 185) kings; It. regnante.

Reżħa (p. 154) chill, cold; from reżah, to freeze; رَزَح is to drop down. The most common Malt. usage is "Qed nirżah bil-bard", perhaps originally it meant "I drop down of cold", hence the association.

Rfies (p. 94) pedal; رَفَس, to step on.

Rieda (p. 68) will; determination; cf. colloquial رَادَة for إِرَادَة.

Rimi (p. 88) buds; wastage, refuse; cf. رِمي.

Roti (p. 118) wheels; pl. Sic. *rota*.

Rożinjol (p. 124) nightingale; It. *rosignuolo*.

Rubini (p. 74) rubies; pl. It. *rubino*.

Rwiefen (p. 70) gale, strong wind; pl. of *riefnu*, Sic. *ráfana*.

Sabiex (p. 60) so that (final); B. suggests سَاعَةَ بأَيْش.

Saċerdot (p. 104) priest; It. *sacerdote*.

Sagħtar (p. 70) thyme; cf. سَعْتَر.

Sakemm (p. 172) until; *sa kemm*, lit. up to

Sata' (p. 86) to be able to, can; إِسْتَطَاع > سَطَع.

Satra (p. 90) modesty, privacy; سَتْرَة, lit. covering.

Sefgħetlu (p. 106) it became for him...; سَفَع N.A. 3rd p. fem. sing. of *safa'* + suff. 3rd p. masc.

Setgħeti (p. 68) my strength; *setgha* + suff. 1st p. sing. Cf. إِسْتَطَاعَة.

Sewwa, sew (p. 54) right, true, or n. truth, right; سَوَى or سَوَاء.

Siktu (p. 160) silence, calm, balance; سَكَتْ + suff. 3rd p. sing.

Sikwit (pp. 92, 140) often; Sic. *siequitu*.

Sing (p. 94) line; It. *segno*.

Sirġa (p. 66) excessive heat of the sun; سَرْجَة, burning.

Sisien (p. 100) foundations; pl. of *sies*, إِسَاس.

Skultur (p. 172) sculptor; Sic. *sculturi*.

Slaleb (p. 154) crosses; pl. of *salib* صَلِيب.

Snajja' (p. 140) arts, trades; pl. of *sengħa*, صَنْعَة.

Sodda (p. 96) bed; سُدَّة, bench, plank.

Sogħba (p. 106) repentance, regretful thing; صُعُوبِة, difficulty, sorrow.

Spallejh (p. 110) his shoulders; pl. of *spalla* + suff. 3rd p. masc. sing., It. *spalla*.

Sserrep (p. 58) meander, zig-zag, roll; vb. from n. *serp* = serpent, Sic. *serpi*. 2nd or 3rd p. f. imp.

Standard (p. 142) standard; It. *standardo*.

213

T- preformative t in verbs denotes 2nd p. sing. or 3rd p. f. sing. imp.

Taf (p. 60) you know (she knows); 2nd p. or 3rd p. fem. sing. imp. of *jaf,* = contr. يعرف؟

Taghmel (p. 170) it makes, does (here = casts a shadow); 2nd p. or 3rd p. f. sing. imp. عَمَل.

Taħfili (p. 148) to wear away, consume; from *ħafa* حَفَى, 2nd p. or 3rd p. f. sing. imp.

Talkie (p.108) movies; Engl. *talking pictures.*

Talli (p. 84) because; مُتَاع إلَّى؟

Tarbija (p. 64) baby; Andlusian تربية, Dozy.

Tbarri (p. 54) cast out*, estrange*; vb. from *barra* بَرَّا, outside. 2nd p. sing. imp.

Tempju (p. 138) temple; It. *tempio.*

Tfixkil (p. 102) hindrance; n. from *fixkel,* to hinder, فَشْكَل.

Tgeġwiġ (p. 96) confusion, cf. تَعْجِيج.

Tgerrem (p. 160) gnaw; Syr. قَرَّم, to bite edges off grass, etc.

Tgħallet (p. 70) seduce, draw into error; غَلَّطَ, II.

Tgħam (p. 62) food, nourishment; طَعَام.

Tgħarrex (p. 56) examine closely, search with the gaze; etym. dbt.

Thewden (p. 100) rave, dream. هَذْيَان, Andalusian form.

Tħabrek (p. 152) to be zealous, work hard; حَرْبك used in Syr. Note metathesis.

Tħannen (p. 148) to lull; hardly from حَنّ, cf. هَنّ, to whine.

Tħaxwex (p. 72) to make a rustling sound; possibly from *haxix,* grass.

Tidħaq (p. 122) to laugh, smile; ضَحك.

Tikfes (p. 168) to eclipse; metath. of كَسَف.

Tila (p. 74) canvas; It. *tela.*

Tilja (p. 179) name of a tree; It. *tiglio.*

Tinsab (p. 82) to be found; VII from *sab,* reduced IV أَصَاب used in N.A.

Tintemm (p. 80) to come to an end; VII from *temm,* تَمّ.

Titbandal (p. 68) to swing, rock oneself; V from *bandal* = Sic. *panduliari* or *bannuliari*.

Titgerbeb (p. 112) to roll down; V from *gerbeb*, B. suggests كَبَّ.

Titnikker (p. 70) to delay, be lazy about one's work, lag behind; V, etym. dbt.

Tiżżarġan (p. 168) to throw one's weight about; Sic. *nʒúrgiri*.

Tiżżerzaq (p. 166) to slide, slip down; cf. Syr. زرزق, let run.

Tiżżini ħajr (p. 84) to thank me; *iʒʒa* + suff. 1st p. sing. from جَزَى.

Tlebleb (p. 66) to twinkle; لَبْلَب, from sparkle of shiny objects hanging in the wind?

Tmun (p. 68) rudder; Sic. *timuni*.

Tnassis (p. 106) backbiting, sly talk about others; from *nassa*?

Tnigges (p. 179) to prick; نَكَز, II.

Tokk (p. 80) central meeting place, hall, tick of a clock; It. *tocco*.

Tort (p. 106) blame; It. *torto*.

Tqanqiliet (p. 170) stirrings; pl. of *tqanqila*, from *qanqal*, to lift, قَلْقَل.

Tramuntana (p. 66) North (wind); It. *tramontana*.

Trofew (p. 191) trophy; It. *trofeo*.

Ttemm (p. 130) to end; 2nd p. sing. or 3rd p. f. sing. of *temm*, تَمّ.

Tvenvin (p. 68) whining of the wind, clashing; onomatopoeic.

Tweġġeh (p. 181) honour, respect; II from وَجه, surpass in dignity.

Twennes (p. 74) to comfort, calm; أَنَّس, lit. to bear one company; II.

Twerdin (p. 144) roar, drone; تَرْدِين.

Twerżiqa (p. 94) a scream; تَزْرِيقة؟

Utieqa (p. 54) strong; وَثِيق, constant, stable, firm.

Vlegga (p. 80) arrow; It. *freccia*.

Wajjerless (p. 108) telegraph; Engl. *wireless*.

Warrani (p. 130) that which comes behind or after, successor, consequence; from *wara*, after.

Wens (p. 56) comfort, company; أُنْس.

Wħudhom (p. 70) by themselves; وَحْد +suff. 3rd p. pl.

Wiċċ (p. 60 *et passim*) face; وَجْه; *wiċċ-imb-wiċċ*=face to face.

Widdieba (p. 172) repremanding; from *widdeb*, أَدَّبَ.

Wisq (*passim*) too much, too many; وِسْق in Malt. used as adverb and adjective.

Xagħri (p. 154) wilderness; شَعْرِىّ, lit. woody; where things grow wild.

Xeħta (p. 140) disposition; n. from *xeħet*, to throw, cast.

Xelter (p. 96) shelter; Engl. used for air-raid shelter.

Xerqa (p. 142) *Bla* or *minghajr xerqa*=unsuitably, unfittingly; شَرَع, make laws.

Xettru (p. 185) sceptre; It. *scettro*.

Xewqa (p. 122) wish, desire; n. from شَاق. *Xewqan* (p. 152)= desirous.

Xinhu (p. 54) what is he? what he is; شِىء هُو.

Xkora (p. 76) sack, sackcloth; Andalus. شكَارة.

Xmara (p. 162) river; Sic. *sciumara*.

Xorti (p. 66) luck, fortune; Sic. *sciorti*.

Xulxin (p. 104) one another, each other; D. quotes Stumme's suggestion شِىء لِشِىء.

Xwabel (p. 136) swords; pl. of *xabla*, Sic. *sciabula*.

Xxeblek (p. 152) to intertwine; V 3rd p. masc. sing. or I 2nd p. or 3rd p. f. sing. imp. Syr. شربك.

Żebbuġ (p. 185) olives; زَبّوج N.A.=wild olive.

Żegħila (p. 168) a caress; زَغيل, enticement.

Żerkuna (p. 94) hand beam in loom; زَرَك, to press?

Żgħażagħ (p. 90) youths; pl. of *żagħżugħ*; Arab.=agile, zealous.

Żiemel (p. 100) horse; زَامِل adj.

Żiffa (p. 68) breeze; زَفّة.

Żinżilli (p. 72) vain young men or women; Sic. *żinżillu*.

Żlieġa (p. 118) a glaze; زَلِيج.

Żorr (p. 140) dry, austere; Syr. زّج, biting, knotty.

Żraġen (p. 146) twigs, branches, tendrils; pl. of *żarġun*, Andalus.
زَرْجُون.

Żrar (p. 136) small stone, gravel; cf. ظِر; though usually ظ
becomes *d* not *ż*.